Ben-Alexander Bohnke

# Die Kunst, sich richtig zu ärgern

# HERDER spektrum

Band 5232

## Das Buch

In blinder Wut wurde schon viel Unheil angerichtet; aber herunter-
geschluckter Ärger kann zu Magengeschwüren führen. Wohin also mit
der Wut, wenn sie in einem brodelt, rumort und nach draußen verlangt? Wer mit ärgerlichen Situationen richtig umgeht, kann sich und
anderen viel Kummer ersparen. Dieser Ratgeber geht zunächst den
Ursprüngen dieser unbändigen Gefühlswallungen nach, zeigt, dass
sich dahinter eine durchaus gesunde Lebensenergie verbirgt, bei der es
lediglich darauf ankommt, sie in angemessene Bahnen zu lenken. Wut
tut gut – aber nur, wenn wir richtig mit ihr umgehen. Und manchmal
lohnt es überhaupt nicht, sich aufzuregen. In solchen Fällen, so zeigt
der Autor, ist es besser, sich in Gelassenheit zu üben. – Ein ganzheit-
licher Weg vom Alltagsfrust zu neuer Lebensfreude.

## Der Autor

Ben-Alexander Bohnke, M.A., Jahrgang 1951, Studium der Psychologie, Philosophie, Soziologie und Linguistik. Als Autor und in der Er-
wachsenenbildung tätig. Buchveröffentlichungen, Zeitschriftenartikel
und Rundfunksendungen insbesondere zu Themen aus den Bereichen
Psychotherapie, Philosophie und Esoterik.

Ben-Alexander Bohnke

# Die Kunst,
# sich richtig zu ärgern

HERDER

FREIBURG · BASEL · WIEN

Originalausgabe

Gedruckt auf umweltfreundlichem,
chlorfrei gebleichtem Papier

Alle Rechte vorbehalten – Printed in Germany
© Verlag Herder Freiburg im Breisgau 2002
www.herder.de
Satz: Dtp-Satzservice Peter Huber, Freiburg
Herstellung: fgb · freiburger graphische betriebe 2002
www.fgb.de
Umschlaggestaltung und Konzeption:
R·M·E München / Roland Eschlbeck, Liana Tuchel
Umschlagmotiv: © Liana Tuchel
ISBN 3-451-05232-6

# Inhalt

Einleitung . . . . . . . . . . . . . . . . . . . . . . . .    7

Ärger – Unser Freund und Feind . . . . . . . . . .   11

1. *Was sind Ärger, Wut und Zorn?* . . . . . . . . . . . .   13
   Bittersüße Rachewünsche . . . . . . . . . . . .   18
   Die Wut im Kopf . . . . . . . . . . . . . . . . . .   21
   Aggressives Verhalten . . . . . . . . . . . . . . .   23
   Der zornige Körper . . . . . . . . . . . . . . . . .   27

2. *Die vielen Ursachen des Zorns* . . . . . . . . . . . .   33
   Vom Aggressionstrieb angestachelt? . . . . . . . .   38
   Der Körper als Ärger-Maschine . . . . . . . . . .   42
   Die Wut aus der Kindheit . . . . . . . . . . . . .   44
   Unser Alltags-Frust . . . . . . . . . . . . . . . . .   47

3. *Die ärgerliche Gesellschaft* . . . . . . . . . . . . . .   51
   Braves Kind – gutes Kind . . . . . . . . . . . . . .   53
   Die zornigen jungen Männer und Frauen . . . . .   55
   Aggressionen gegen Minderheiten . . . . . . . . .   57
   Die Angst vor der wilden Natur . . . . . . . . . .   59

4. *Wut tut gut – oder macht krank* . . . . . . . . . . . .   62
   Konflikt-Menschen und Harmonie-Menschen . . .   65
   Was für ein Wut-Typ sind Sie? . . . . . . . . . . .   70
   Die Verbindung von Aggression und Harmonie . .   73
   Psychosomatik – Wenn einer sich krank ärgert . . .   75

Vom Ärger zur Lebensfreude –
Von der Anpassung zur Ich-Stärke . . . . . . . . .  79

   *1. Erfolgreiches Verhalten* . . . . . . . . . . . . . . . . .  84
     Kämpfen und Streiten . . . . . . . . . . .  88
     Verhandeln oder Tricksen . . . . . . . . . . . .  94
     Anpassung – Plus und Minus . . . . . . . . . . .  96
     Flucht – Ausweg oder Sackgasse? . . . . . . . . .  98

   *2. Das innere Kind heilen* . . . . . . . . . . . . . . . .  102
     Meditation . . . . . . . . . . . . . . . . . . . .  105
     Gefühle rauslassen . . . . . . . . . . . . . . .  107
     Sich selbst erkennen . . . . . . . . . . . . . . .  112
     Psychotherapie und Gespräch . . . . . . . . . . .  114

   *3. Das neue Ich* . . . . . . . . . . . . . . . . . . .  117
     Freude – das beste Heilmittel . . . . . . . . . .  120
     Wünsch dir was! . . . . . . . . . . . . . . . . .  125
     Positiv denken . . . . . . . . . . . . . . . . . .  129
     Spiritualität . . . . . . . . . . . . . . . . . . .  134

   *4. Soforthilfe gegen Ärger und Angst* . . . . . . . . . . .  140
     Entspannungsmethoden – aktiv und passiv . . . .  141
     Ablenkung – Lieber Lust als Frust . . . . . . . .  145
     Umleitung – Den Ärger als Kraft nutzen . . . . .  146
     Abwehr – Stop von Wut und Kränkung . . . . .  148

Bilanz – Die goldene Mitte . . . . . . . . . . . . . . .  154

Literatur-Auswahl . . . . . . . . . . . . . . . . . . .  156

# Einleitung

*Ärger, Wut* und *Zorn* haben eine *negative* und eine *positive* Seite.
  – *Negativ* ist: Man fühlt sich genervt, regt sich sinnlos auf, und es gibt Streit. Vielleicht geht eine Freundschaft in die Brüche oder man verliert seinen Job. Ärger-Gefühle können auch zu hohem Blutdruck und Magengeschwüren führen.
  – *Positiv* ist: Ärger zeigt einem, dass etwas falsch läuft. Wut gibt uns die Kraft, sich zu wehren. Zorn motiviert dazu, etwas Neues zu wagen, sein Leben zu ändern oder außergewöhnliche Leistungen zu vollbringen.

Glücklich der Lebenskünstler, der in einem Gleichgewicht lebt: der sich nicht unnötig aufregt, den nicht die Fliege an der Wand ärgert. Aber der mit gerechtem Zorn auf Ungerechtigkeiten reagiert und sich erfolgreich dagegen zu Wehr setzt.

Doch die meisten Menschen ärgern sich entweder *zu viel* oder *zu wenig*. Sie gehören einer der beiden folgenden Gruppen an:
1. *Konflikt-Menschen*
   Das sind Menschen, die schnell in *Konflikt* oder Streit mit ihrer Umwelt geraten, sogar die Auseinandersetzung suchen. Durch ihren Ehrgeiz haben sie oft Erfolg. Aber es sind genervte und gestresste Zeitgenossen, die sich viel zu oft und viel zu sehr ärgern.
2. *Harmonie-Menschen*
   Das sind Menschen, die alles dafür tun, um in *Harmonie* zu leben, die um des lieben Friedens willen nachgeben, ihre eigenen Wünsche zurückstecken. Sie schlucken ihren Zorn herunter oder fühlen ihn gar nicht mehr.

In früheren Ratgebern wurde der Ärger meist *einseitig negativ* dargestellt. Es wurde nur beschrieben, wie man sich *weniger ärgert*, seine Wut überwindet und seinen Zorn loslässt. Viele Leser glaubten, man solle lernen, sich gar nicht mehr zu ärgern, immer gelassen zu sein und sich trotzdem durchzusetzen. Aber das ist unrealistisch, der Zorn gehört auch zum Menschen hinzu. Und falsche Versprechungen wie „nie mehr ärgern" führten letztlich nur zu Enttäuschungen und zusätzlichem Ärger.

In den letzten Jahren ist dann die *positive Wut*, der nützliche Ärger und Befreiungszorn mehr zum Thema gemacht worden. Vor allem in feministischer Literatur bzw. Ratgebern für Frauen wurde beschrieben, wie die unterdrückten „guten Mädchen" zu selbstbewussten „bösen Mädchen" werden können und sollen.

Solche Bücher haben sicher eine gewisse Berechtigung. Es ist wahr, auch heute noch gehören mehr *Frauen* zu den *Harmonie-Menschen* und mehr *Männer* zu den *Konflikt-Menschen*. Aber diese traditionelle Rollenverteilung galt nie zu hundert Prozent, und sie gilt heute schon gar nicht mehr uneingeschränkt. Mit dazu beigetragen hat gerade die Frauenbewegung, die viele Frauen in ihrem Selbstbewusstsein gestärkt und viele Männer verunsichert hat.

Es gibt also durchaus auch „brave Männer", Softies, die ihren Ärger hinter Freundlichkeit verbergen. Sie müssen ebenfalls neu lernen, ihren Zorn zu zeigen und sich gegen Frauenpower zu behaupten. Und es gibt andererseits immer mehr allzu streit-lustige Frauen, die das feministische Lob über den Zorn gründlich missverstanden haben.

Denn natürlich darf man jetzt nicht ins andere Extrem schlagen und meinen: Wer wütend ist, hat Recht. Ziel ist vielmehr eine *Ganzheit*, ein Gleichgewicht von Konflikt und Harmonie, von sich durchsetzen und sich einfügen, von Ärger ausleben und Ärger kontrollieren. Dabei muss dieses Gleichgewicht der individuellen Persönlichkeit und ihrem Temperament entsprechen.

Es geht um die *Kunst, sich richtig zu ärgern*. Konkret heißt das:
- sich nur dann ärgern, wenn es dafür steht
- nicht sinnlos gegen Unabänderliches ankämpfen
- aus dem Ärger, aus der Wut oder dem Zorn konstruktiv handeln.

Dieses *Ziel* gilt gleichermaßen für Konflikt-Menschen und Harmonie-Menschen, nur die *Wege* sind unterschiedlich.

– Die *Konflikt-Menschen* müssen lernen, sich von unnötigem, schädlichem Ärger zu befreien und friedlicher, gelassener zu werden.
– Die *Harmonie-Menschen* müssen lernen, ihren Ärger nicht mehr zu schlucken, sondern gesunden, berechtigten Ärger auszudrücken.

Indem der Konflikt-Typ seine friedliche Seite verstärkt und der Harmonie-Typ seine kämpferische Seite entfaltet, werden beide zu vollständigen Persönlichkeiten.

Deshalb enthält dieses Buch zweifachen Rat, für den Konflikt-Typ und für den Harmonie-Typ. Für beide werden besondere Ratschläge und Tipps gegeben.

Im *I. Teil* des Buches lernen Sie, Ärger, Wut und Zorn genau zu verstehen: Ehekrach, Mobbing, Unfall, Krankheit, Börsenverlust, schlechtes Wetter. Es gibt Tausende Möglichkeiten für Ärger. Das reicht vom kleinen Alltagsärger bis zum mörderischen Hass. Warum sind wir so wütend oder fressen den Ärger in uns hinein?

Im *II. Teil* wird beschrieben, wie man richtig mit Ärger umgeht. Sie lernen viele Methoden kennen, wie Sie aus Ihrem Zorn das Beste machen. Oder wie Sie auf den Zorn anderer Menschen sinnvoll reagieren.

Dabei ist der Text *ganzheitlich* aufgebaut: Er ist nicht auf *eine* Methode festgelegt, sondern berücksichtigt viele verschiedene psychologische Methoden und Psychotherapien, wie Transaktionsanalyse, Gesprächstherapie, Verhaltenstherapie, Psychoanalyse, Meditationslehre. Aber neben der modernen Psychologie werden auch alte Weisheiten von Dichtern und Denkern zitiert.

Ich wünsche Ihnen Spaß beim Lesen und viel Erfolg beim „richtigen Ärgern"!

# DAS PROGRAMM DIESES BUCHES

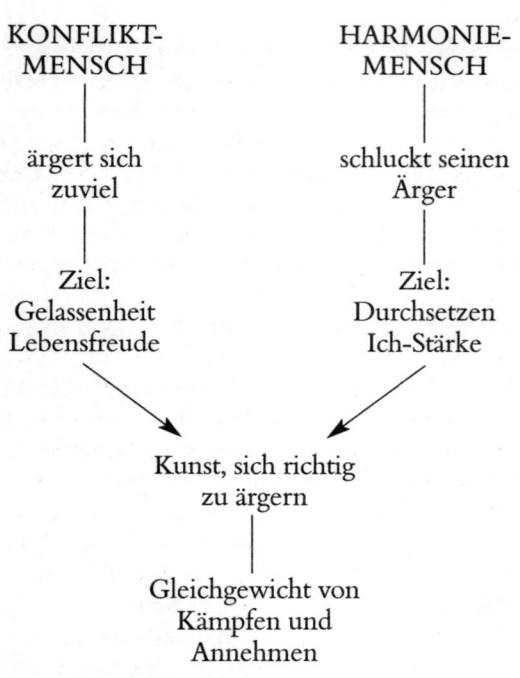

KONFLIKT-
MENSCH

ärgert sich
zuviel

Ziel:
Gelassenheit
Lebensfreude

HARMONIE-
MENSCH

schluckt seinen
Ärger

Ziel:
Durchsetzen
Ich-Stärke

Kunst, sich richtig
zu ärgern

Gleichgewicht von
Kämpfen und
Annehmen

# Ärger – unser Freund und Feind

Für die meisten Menschen ist Ärger immer noch etwas Negatives. Jedenfalls sagen sie das. Ärgern – so etwas ist doch unangenehm. Außerdem tut man das nicht. Und kriegt damit nur Schwierigkeiten. Besser man bleibt immer ruhig und beherrscht.

Allerdings, der eine oder andere wird – vielleicht klammheimlich – zugeben, dass er doch schon mal richtig mit Genuss gewütet hat. Seine Wut total rausgelassen hat. Und sich danach befreit, wie erlöst fühlte. Ja, sogar Erfolg mit seinem Schimpfen hatte.

Ärger ist also ein *zwiespältiges Gefühl*. Wir *fürchten* ihn und *mögen* ihn. Er besitzt *Vorteile* und *Nachteile*. In diesem I. Teil wollen wir Ärger, Zorn und Wut – als unsere Freunde wie Feinde – genauer unter die Lupe nehmen. Denn zunächst müssen wir verstehen, was sie wirklich sind und wie sie entstehen, ehe beantwortet werden soll: Wie geht man mit Ärger & Co. richtig um?

Die Ärger-Gefühle spielen eine große Rolle im menschlichen Leben. Es gibt eine unendliche Zahl von Alltagssituationen, in denen man sich gut und gerne ärgern kann.

– *Sie führen Ihren neuen Regenmantel aus. Da rast ein Auto durch eine Pfütze, und Ihr schicker, heller Mantel ist von oben bis unten bespritzt.*
– *3-mal sind Sie um den Block gefahren. Endlich haben Sie einen freien Parkplatz entdeckt. Gerade wollen Sie rückwärts einparken, da schlüpft ein anderer frech vor Ihnen in die Parklücke.*
– *Diesmal sind Sie als Radfahrer unterwegs. Aber was nützen die schönsten Radfahrwege, wenn sie von Autos vollgestellt sind? So müssen Sie auf der gefährlichen Straße weiterradeln.*

In allen diesen Situationen heißt es: *So ein Ärger!*

Aber es gibt noch viel schlimmere Situationen, die einem wahnsinnigen Ärger, Riesenwut oder heillosen Zorn bereiten können.

– *Man hat Ihnen zugesagt, Sie sind als nächster bei der Beförderung dran. Aber dann wird Ihnen so ein junger Schnösel, ein Verwandter vom Chef, vor die Nase gesetzt.*
– *In Ihrer Tippgemeinschaft hat einer vergessen, den Lottoschein abzugeben, gerade als… Gar nicht daran zu denken!*
– *Sie erwischen Ihren besten Freund mit Ihrer Ehefrau in flagranti.*

Wenn es um Liebe, Geld oder Beruf geht, kann es mit dem Zorn schnell bitterernst werden. Kann er sich zu *Hass*, tödlichem, mörderischem Hass steigern. So beschwört er menschliche Katastrophen herauf – die Strafgerichtsprozesse sind voll davon. Und solche Wut macht Menschen auch krank, seelisch und körperlich. Wir werden uns mit der Rolle von Wut in Familie und Freundeskreis beschäftigen.

Ärger und Aggression besitzen selbstverständlich auch in der Gesamtgesellschaft ihren Platz. Man spricht heute von einer „*neuen Aggressivität*", besonders bei Jugendlichen: z.B. Randale im Fußballstadion, Zerstörung von Telefonzellen, gewalttätige Demonstrationen, aber auch rechtsradikale Gewalttaten; den Hintergründen dieser Zerstörungswut wollen wir nachspüren.

Nicht zuletzt spielen Feindschaft und Aggression eine wesentliche, oft dramatische Rolle zwischen Staaten bzw. zwischen Völkern. Krieg, Eroberung, Völkermord, solche Schreckenszenarien durchziehen die ganze Weltgeschichte bis in unsere Gegenwart. Gerade in den letzten Jahren hat der internationale Terror zugenommen und mit der Zerstörung des World Trade Centers einen traurigen Höhepunkt erreicht. Diesen politischen Aspekt werden wir allerdings nur streifen, er übersteigt den Rahmen unseres Themas.

Schwerpunkt dieses Buches ist die *Praxis*: der richtige Umgang mit Ärger in unserem persönlichen, alltäglichen Leben. Das wird vor allem im II. Teil beschrieben.

Wer sich ausschließlich für die Praxis interessiert, mag diesen I. Teil überschlagen oder nur flüchtig lesen. Wer aber ein vertieftes Verständnis von Ärger gewinnen will, der sollte die Kapitel vom I. Teil genau lesen. Die dort vermittelten Kenntnisse unterstützen auch den richtigen Umgang mit Ärger.

Im Einzelnen geht es im Teil I um folgende Punkte:
- Beschreibung von Wut, Ärger oder Zorn
- Ursachen von Ärger
- Die Bedeutung des Zorns in unserer Gesellschaft
- Wut-Typen und ihre Vor- und Nachteile.

## 1. Was sind Ärger, Wut und Zorn?

*Der Mutmensch kennt den Zorn,*
*Der Furchtmensch die Wut und den Ärger.*
Walther Rathenau

Die erste Frage ist: Sind Ärger, Wut und Zorn dasselbe?
Zuweilen stößt man auf die Unterscheidung:
- *Ärger* kommt aus dem *Kopf.*
- *Zorn* kommt aus der *Brust.*
- *Wut* kommt aus dem *Bauch.*

Zwar gibt es solche Unterschiede des Empfindens, aber diese sprachliche Unterscheidung ist doch zu spitzfindig. Ich werde die Begriffe „Ärger", „Zorn" und „Wut" weitgehend gleichbedeutend verwenden. „Hass" steht für besonders intensive Wut. Als Oberbegriff für den ganzen Bereich kann man „Aggression" verwenden.

Was sind also Ärger, Wut und Zorn? Auf Anhieb wird man wahrscheinlich sagen: Das sind *Gefühle.* Man spricht ja auch vom „Gefühl des Ärgers"; davon, „sich zornig zu fühlen" oder „Wutgefühle zu haben". Wut und Co. sind also etwas, das wir fühlen, spüren, empfinden.

Aber das reicht nicht. Die Wut betrifft den ganzen Menschen, Kopf und Bauch, Herz und Hand. Wir wollen hier (vereinfachend) fünf *Dimensionen* des Wesens Mensch unterscheiden und damit auch fünf Dimensionen des Zorns.
- *Gefühl*
  Z. B. Wutgefühl, aber auch Stimmungen und – aggressive – Verstimmungen.

- *Wunsch*
  Man spricht auch von „Bedürfnis", „Motivation" oder aber „Trieb", z. B. ein Wunsch nach Streit.
- *Denken*
  Dazu zählen Einstellungen, Gedanken, Phantasien, z. B. Rachephantasien.
- *Verhalten*
  Das reicht von der Mimik, z. B. grimmiges Gesicht, bis zu zielgerichteten Handlungen, z. B. jemanden anzeigen.
- *Körper*
  Betrifft (im Gegensatz zum Verhalten) nicht steuerbare körperliche Prozesse, wie z. B. Blutdruckerhöhung durch Ärger.

Diese Dimensionen des Menschen sind natürlich nicht voneinander unabhängig, sondern stehen in enger Wechselwirkung. Sie bilden ein *Ganzes*, ein *System*. Da stimmt, jedenfalls normalerweise, alles zusammen. Wenn jemand mir sagt: „Ich bin wütend auf dich", und mich dabei anlächelt, werde ich verwirrt sein, denn bei einer zornigen Aussage erwarte ich auch ein zorniges Gesicht.

Beginnen wir mit den Dimensionen *Gefühl und Wunsch*. Wir alle haben Wünsche. Manche sind angeboren wie der Wunsch nach Essen. Bei solchen elementaren angeborenen Bedürfnissen spricht man häufig auch von „biologischen Bedürfnissen" oder „*Trieben*". Es sind überwiegend *körperliche* Bedürfnisse. Davon zu unterscheiden sind *seelische* Bedürfnisse. Sie können auch angeboren sein, werden aber häufig erst später erworben. Es kommt niemand mit dem Wunsch zur Welt, unbedingt das neueste Modellkleid oder einen Sportwagen zu haben – solche Ziele erwerben wir erst in Laufe unserer Entwicklung.

Wie das Beispiel mit dem Sportwagen schon andeutet: *Nicht alle Wünsche werden wahr*. Und das bedeutet *Unlust* bzw. *Unlustgefühle* für uns. Gehen dagegen unsere Wunschträume in Erfüllung, bringt uns das *Lust*, wir erleben *Lustgefühle* oder erzielen „Lustgewinn" (wie die Psychologen sagen).

Das ist also das Grundmodell von Lust und Unlust: Wir wollen etwas haben. Bekommen wir es, fühlen wir uns gut. Bekommen wir es nicht, sind wir unbefriedigt. Und je größer die Differenz zwischen unseren Bedürfnissen und der Wirklichkeit, je mehr das, was wir wollen, von dem, was wir kriegen, abweicht, desto unzufriedener sind wir.

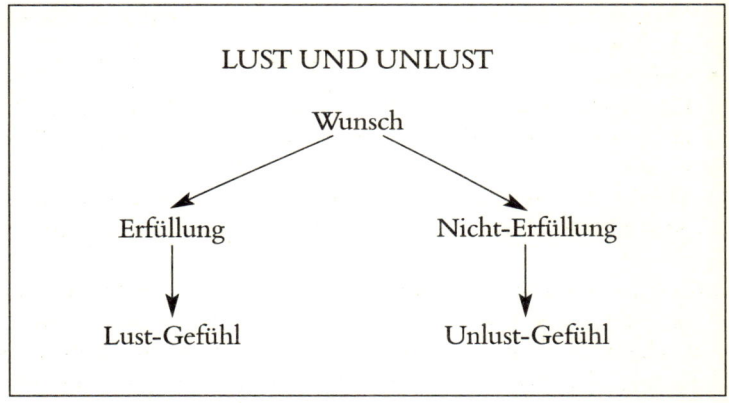

Bisher wurde ganz allgemein von Unlust oder Unzufriedenheit gesprochen. Aber es gibt *verschiedene Formen von Unlust,* vor allem:
- *Ärger* (Wut, Zorn)
- *Angst* (Furcht, Panik)
- *psychischer Schmerz* (Traurigkeit, Enttäuschung).

Diese drei: Ärger, Angst und Schmerz werden oft als *Grundgefühle* der Unlust bezeichnet, genauer Grundgefühle der psychischen Unlust. Denn wenn man auch nicht eindeutig zwischen *psychischer* und *körperlicher* Unlust unterscheiden kann, so ist ein körperlicher Schmerz wie Zahnschmerz eben doch etwas anderes als der seelische Liebeskummer.

Es wird behauptet, dass sich andere Unlustgefühle wie Eifersucht, Schuldgefühl oder „schlechtes Gewissen", Neid, Einsamkeit und Verlassenheit, Scham und Gekränktheit oder Minderwertigkeitsgefühle alle auf die oben genannten drei Urgefühle der Unlust zurückführen lassen. Ob das immer so aufgeht, sei dahingestellt. Aber sicherlich ist der *Ärger* – der uns hier ja in erster Linie interessiert – auch in Gefühlen von *Eifersucht, Krän-*

*kung, Schuld, Neid* u.v.m. enthalten. Wut ist nicht nur Wut pur, sondern viel mehr.

Vielleicht fragen Sie sich jetzt: Wovon hängt es eigentlich ab, mit welchem Unlustgefühl man auf ein nicht befriedigtes Bedürfnis, einen unerfüllten Wunsch reagiert? Ob man mit Zorn, Angst oder Traurigkeit reagiert. Dies hängt erstens von dem Persönlichkeitstyp ab, zweitens von der Situation, vor allem jedoch von dem betroffenen Wunsch.

Wir müssen die Zusammenhänge hier etwas vereinfachen, um sie auf den Punkt zu bringen:
– *Trauer* stellt sich in erster Linie ein, wenn unser Bedürfnis nach Lieben und Geliebtwerden nicht erfüllt wird, wenn wir uns einsam und verlassen fühlen.
– *Angst* empfindet man überwiegend in Situationen, in denen der Wunsch nach Sicherheit und Geborgenheit unbefriedigt bleibt oder die körperliche Unversehrtheit und das Überleben bedroht sind.
– *Ärger* ist vor allem an die *Frustration* zweier (verwandter) Bedürfnisse geknüpft:
• *Bedürfnis nach Freiheit* bzw. *Selbstbestimmung*
• *Bedürfnis nach Achtung* bzw. *Selbstachtung*.

Erläutern wir die Entstehung von Ärger etwas genauer:
Wenn man in seinem Bedürfnis nach freiheitlicher *Selbstentfaltung* und *Selbstverwirklichung* behindert wird, erzeugt das Ärger. Wenn man *gestört* wird in seiner Bewegungsfreiheit, in seinem Vorwärtskommen – dann ist der Zorn nicht weit. Das zeigt sich schon im Kleinen. Sie können es an jeder roten Ampel beobachten, im Stau, in einer Warteschlange: Wer warten muss, wird erst kribbelig, dann immer saurer. Er kann nicht so, wie er will. Er fühlt sich *behindert*. Natürlich schwankt das stark von Mensch zu Mensch, hier spielt der Charakter eine Rolle.

Ähnlich: Wenn der Wunsch, *geachtet* und *respektiert* zu werden, unerfüllt bleibt, wird man wütend. Wenn Sie das Gefühl haben, man achtet und beachtet Sie nicht, übergeht und ignoriert Sie. Oder jemand macht einen runter, kränkt und beleidigt einen. Besonders trifft auch der *Spott*, das Lächerlichmachen.

Aber vor allem, wenn einem Menschen *Verachtung* gezeigt wird, kann das schlimmsten Zorn in ihm wachrufen. Früher hatten die Menschen, wenigstens edle Ritter und dergleichen, eine noch viel empfindlichere „Ehre". Da brauchte nur ein falsches Wort zu fallen, und die Ehre war gekränkt und musste im Kampf wiederhergestellt werden.

Wichtig: Es geht bei der Entstehung von Ärger also (noch) *nicht* um aggressive Bedürfnisse, sondern es sind normale menschliche Wünsche, deren Nicht-Befriedigung dann aber Aggression wachruft.

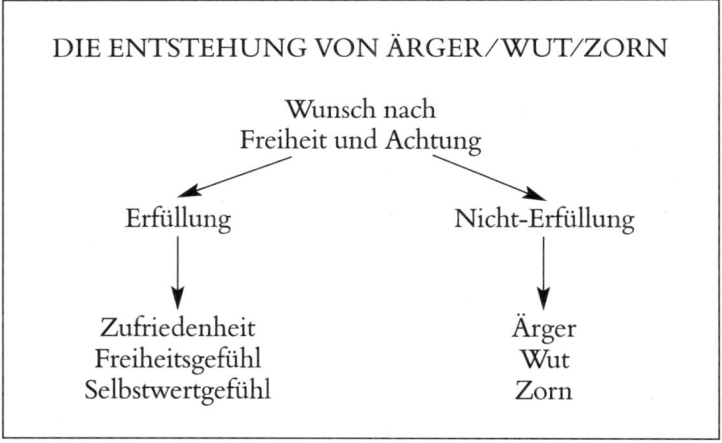

DIE ENTSTEHUNG VON ÄRGER/WUT/ZORN

Wunsch nach
Freiheit und Achtung

Erfüllung                         Nicht-Erfüllung

Zufriedenheit                      Ärger
Freiheitsgefühl                    Wut
Selbstwertgefühl                   Zorn

„Ärger" hängt sprachlich mir *„arg"* (= schlimm) zusammen. Wenn jemand uns *Arges* zufügt, uns *arg*listig oder *arg*wöhnisch behandelt, dann ver*argen* wir ihm das. Und je ärger er es treibt, desto mehr ärgern wir uns.

Die Auslösung von Ärger durch Einengung oder Kränkung kann man *spezifischen* Ärger nennen. Je nach Persönlichkeitsstruktur kann der Ärger allerdings unspezifisch bzw. *generalisiert* sein, so dass man sich über eigentlich alles ärgert, was einem irgendwie Unlust bereitet. Anders gesagt, jede Unlust wird als Behinderung oder Kränkung erlebt. Man ärgert sich auch über Angst und Schmerz, ja sogar über den eigenen Ärger. Dieser Ärger über den Ärger wird auch als „Meta-Ärger" bezeichnet.

Der Ärger ist hier ein *Abwehr-Gefühl*, mit dem man andere Gefühle wie psychischen Schmerz wegdrängt.

Hier ist die These zu nennen, dass es letztlich nur *eine* elementare Unlust gibt. Der Psychologe Arthur Janov hat dabei den *Urschmerz* genannt. Nach Janov empfinden wir einheitlich (seelischen) Schmerz, wenn unsere Wünsche nicht erfüllt werden. Dieser Urschmerz kann aber so unerträglich sein, dass wir ihn mit anderen Gefühlen überdecken. Ärger wie Angst sind sekundäre Gefühle. Sie dienen dazu, diesen Urschmerz abzuwehren. Dabei sind Wut und Angst Antagonisten. Die Wut ist ein *Kampf-Gefühl*, Angst dagegen ein *Flucht-Gefühl*.

Aber können wir Ärger, Wut und Zorn wirklich so klar den *Unlustgefühlen* zurechnen? Es gibt ja auch einen *lustvollen Zorn*, einen *Befreiungszorn*, den wir erleben, wenn wir uns z. B. erfolgreich gegen eine Ungerechtigkeit gewehrt haben. Es gibt sogar eine *Zerstörungslust*, die sich jedoch vor allem durch die Entladung angestauten Ärgers erklärt. In jedem Fall kann Wut – ähnlich wie Angst und Traurigkeit – *ambivalent* sein, neben der Unlust auch Lust beinhalten. Das wird uns schon im nächsten Punkt beschäftigen.

## Bittersüße Rachewünsche

Wie wir gerade gesehen haben: Ärger ist also zunächst ein *Gefühl*, ein besonderes Unlustgefühl, nämlich die *Unlust des Behindertwerdens oder Missachtetwerdens*.

Ärger ist aber noch viel mehr. Stellen Sie sich vor, jemand beleidigt Sie, auch noch vor Ihren versammelten Freunden. Dann ist es ja mit dem Ärgern nicht getan. Sondern in Ihnen wird in aller Regel das dringende Bedürfnis entstehen, sich irgendwie zur Wehr zu setzen oder zu rächen. Zorn und seine Genossen Wut und Ärger haben also auch den Charakter eines *Wunsches* oder Bedürfnisses.

Es gibt Theorien, nach denen aggressive Bedürfnisse nicht dem Ärgergefühl *folgen*, sondern ihm *vorausgehen*. Dass z. B. das Bedürfnis zu streiten nicht erst durch Frustration (Missachtung, Kränkung) entsteht, sondern angeboren ist – man spricht von einem „Aggressionstrieb": Dazu kommen wir aber noch. Hier

fragen wir erst einmal nach Wünschen, die dem Frustrations-
erlebnis, dem Ärgergefühl *folgen.*

Beginnen wir mit dem *Ärger durch Behinderung.* Nehmen wir an,
Sie fahren auf der Autobahn. Und plötzlich ist er da, der Stau.
Nichts geht mehr. Dabei sind Sie unterwegs zu einem dringen-
den Termin. Und es dauert und dauert. Da kann es schon sein,
dass man langsam vor Wut zu kochen anfängt – und manchmal
der Kühler des Autos auch, was es nicht besser macht.
    Was wollen alle in einer solchen Situation der Behinderung?
Nur das eine: sich befreien, die Behinderung abschütteln, vorwärtskommen, weiterkommen. Um es auf einen Nenner zu
bringen: *Befreiungszorn.* In der Zeitung stand einmal von einem
Autofahrer, der in einer solchen Situation mit voller Absicht auf
seinen Vordermann auffuhr. Wieder zurücksetzte und wieder
draufknallte. Und das dreimal. Das ist natürlich schon ein recht
extremes Verhalten, und das führt uns zu einem zweiten, stärke-
ren Wutbedürfnis: Man will zerstören.
    Das Hindernis bringt einen so in Rage, dass man es nicht nur
irgendwie beseitigen, wegstoßen, sondern vernichten will: *Zerstörungswut.* Dieser Zorn kann zu Gewalttaten führen, und nicht
nur gegen Sachen, sondern auch gegen Menschen. Hier ist weniger ein direktes körperliches Hindernis gemeint, sondern im
übertragenen Sinn: Der Kollege blockiert den Aufstieg in der
Firma, der Ehemann steht der gewünschten Liaison im Wege
etc.

Wie sieht es aus bei *Ärger durch Kränkung* und Missachtung? Der
Chef putzt Sie in der Öffentlichkeit herunter, beschimpft Sie als
einen Versager. Das kann die friedlichste Seele in Zorneswallun-
gen versetzen und bitterböse Wünsche hervorrufen.
    Die sanftere Variante ist: Man fordert nur eine *Entschuldigung.*
Der andere soll zurücknehmen, was er gesagt hat. Und wenn
das nichts nutzt, will man *Wiedergutmachung.* Die Schädigung des
Selbstgefühls soll ausgeglichen werden, sei es durch gute Worte
oder auch durch gutes Geld, z. B. in einem Beleidigungsprozess.
Von unseren Altvordern kennen wir eine härtere Tour: War die
Ehre besudelt, forderte man *Genugtuung.* Man warf dem Beleidi-

ger den Fehdehandschuh hin, forderte ihn zum Duell. Manche Kränkungen galten als nur mit Blut abzuwaschen ...

Solche Gewaltakte sind in unserer „zivilisierten" Welt seltener geworden. Aber entsprechende Rachegelüste haben dennoch viele. „Dich würd' ich am liebsten umbringen!"; „Ich will den fertig machen!"; „Diesen Halunken werde ich ruinieren!" Der Rachewünsche und -schwüre sind viele. Noch stärker als bei der Behinderung kann bei der Kränkung ein echter Vernichtungswille aufkommen, der in den schlimmsten Fällen auch in die Tat umgesetzt wird.

Gerade die, die uns am Herzen liegen, können uns verletzen. Wenn einer unsere Liebe verschmäht, den bestrafen wir dann umgekehrt mit Liebesentzug: *Du liebst mich nicht, ich lieb' dich nicht.* Dass abgewiesene Freundschaft allerdings noch viel schlimmere Bedürfnisse wecken kann, bezeugt der Satz*: Und willst du nicht mein Bruder sein, so schlag' ich dir den Schädel ein.*

Man könnte das nur beklagen und den Wunsch nach Genugtuung und Vergeltung als unreifes und unzivilisiertes Relikt beschimpfen. Aber das wäre zu einfach. Es gilt den tieferen Sinn solcher Bedürfnisse zu verstehen. Jemand fühlt sich gekränkt, herabgewürdigt, normalerweise auch noch zu Unrecht. Er kann diese *Kränkung* nicht einfach hinnehmen, sie würde ihn *krank* machen. Deshalb drängt er auf einen Ausgleich, damit seine beschädigte Würde und seine Selbstachtung wieder hergestellt werden.

Indem der Aggressor entweder seine Beleidigung mit eine Geste des Bedauerns zurücknimmt und damit seinen Fehler zugibt. Oder auf andere Weise Entschädigung für das angeknackste Selbstgefühl liefert. Wenn er das beides ablehnt, dann kommt es verstärkt zum Wunsch nach Rache, nach Zurückschlagen. Dann gibt es kein Pardon mehr. Der andere soll die gleiche Verletzung erleiden, die man selbst einstecken musste. Dieselbe Schmach. „Auge um Auge, Zahn um Zahn." *Die Rache ist süß* – so heilt sie die Wunde. Danach ist man quitt. Der Ausgleich, die Gerechtigkeit ist wiederhergestellt. Vielleicht kam man sich dann sogar wieder versöhnen. Das ist also die psychische Dynamik, die den meisten Aggressionsbedürfnissen (bei Kränkungen) zugrunde liegt.

Eine solche *Ausgleichsdynamik* ist nicht auf den Umgang mit Ärger beschränkt, sondern gehört zum Grundverhalten der menschlichen Psyche. Das *psychische System* – wie man auch sagt – tendiert dazu, ein *Gleichgewicht* aufrechtzuerhalten bzw. ein gestörtes Gleichgewicht wieder einzupegeln. Das dient im Letzten der Sicherung des „Überlebens", dem Erhalt der Identität. Die Kränkung meines Selbstwertgefühl bedroht mein seelisches Gleichgewicht, und dagegen wehre ich mich – und sei es durch Rache.

Welche Bedeutung Rachegefühle bis heute besitzen, zeigt sich tragisch in der Kriminalitätsstatistik, verklärt in Literatur und Film, wo Rachemotive – vom *Grafen von Monte Christo* bis zu *Rambo* – immer eine große Faszination ausgeübt haben, und nicht zuletzt in TV-Comedyshows wie „Rache ist süß", wo der Schadenfreude als schönster Freude gefrönt wird.

Ein gewisses Verständnis für wütende Wünsche aufzubringen, indem man sie erklärt, heißt allerdings noch nicht, sie gutzuheißen, schon gar nicht ihre Umsetzung in Gewalthandlungen.

## Die Wut im Kopf

Aber nicht nur in Bauch und Brust empfinden wir den Zorn, sondern auch im Kopf: *böse Gedanken*. Der Psychologe spricht vom „kognitiven. Zorn". Soll heißen: Der Ärger zeigt sich in unseren Einstellungen, Denkprozessen, Vorstellungen, Phantasiebildern und Sinneswahrnehmungen, in der Art und Weise, wie wir die Welt interpretieren und wahrnehmen.

Ärger zeigt sich kognitiv bereits darin, *dass* wir ein Ereignis als Ärgernis deuten, d. h. als etwas, das uns hemmt, hindert oder unsere Selbstachtung angreift. Denn ob einen ein Vorfall nervt oder nicht, liegt ja nicht nur an dem Vorfall selbst, sondern auch daran, wie wir ihn einschätzen und beurteilen. Den einen ärgert eine ironische Bemerkung des Nachbarn, weil er sie als Beleidigung seiner Person auffasst, dem anderen ist sie völlig egal, er sieht sie gar nicht auf sich gemünzt an. „Was dem einen sin Nachtigall, ist dem andern sin Uhl." Natürlich können bei dieser unterschiedlichen Bewertung auch unterschiedliche Wünsche eine Rolle spielen, aber die Einstellung ist doch ein eigener Faktor.

*Herr A ist äußerst gereizt über den kaputten Lift, in seinen Augen bedeutet das eine erhebliche Behinderung. Frau B findet den Ausfall des Lifts dagegen gerade gut, denn so läuft sie endlich mal wieder zu Fuß die Treppen hoch – wie sie es sich schon länger vorgenommen hatte.*

Mit Wut ist generell verbunden, dass man etwas negativ interpretiert: als „nicht o. k.", wie man in der *Transaktionsanalyse (TA)*, einer bekannten Psychotherapie, sagt. Dabei ist zu unterscheiden:
- Ärgere ich mich über etwas anderes, z. B. einen anderen Menschen, habe ich die Einstellung: *„Du bist nicht o. k."*
- Ärgere ich mich über mich selbst, habe ich dagegen die Einstellung: *„Ich bin nicht o. k."*

Beim Zorn bedeutet dieses *Du bist nicht o. k.*: „Du behinderst mich. Du lässt mich nicht in Ruhe. Du raubst mir meine Freiheit." Oder: „Du machst mich runter. Du willst mich fertig machen. Du beleidigst mich." Dabei ist unser Zorn umso größer, wenn wir annehmen, der andere tue das absichtlich und bewusst.

Beim *Ärger über sich selbst* kritisiert man sich besonders dafür, einen Fehler gemacht zu haben oder überhaupt „immer alles falsch zu machen". Dadurch steht man sich selbst im Wege und verliert in seiner eigenen Achtung. Im Extrem, bei *Selbsthass,* kann das dazu führen, dass man sich als Versager und Verlierer sieht.

Aber Zorn drückt sich nicht nur im Denken, sondern auch in der Art der *Wahrnehmung* aus. Wenn wir z. B. wütend sind, weil wir „ewig" an einer roten Ampel warten mussten, sehen wir plötzlich nur noch rote Ampeln. Der Ärger engt unser Blickfeld auf die ärgerlichen roten Lichter ein, die grünen übersehen wir. So fühlt man sich in seinem Zorn bestätigt, dass mal wieder „rote Welle" ist.

Dabei entlädt sich der Ärger oft in *inneren Bildern.* Vielleicht sieht sich der ungeduldig-aggressive Autofahrer im Inneren alle roten Ampeln mit einem Hammer malträtieren. Gott sei Dank wird der meiste Zorn nur im eigenen „Heimkino", dem Kino im Kopf, ausgetobt. Denn sonst wäre die Erde wohl ziemlich entvölkert. Es wird nur wenige Menschen geben, die nicht schon einmal ein wütender Mitmensch in Gedanken abgemurkst hat – oder wenigstens verprügelt.

*Rachephantasien* machen angeblich einen beträchtlichen Teil der *Tagträume* aus. Und was man am Tag – phantasierend – nicht erledigen kann, das holt man im Schlaf nach. In zornigen *Träumen* wird da mit Gegnern und Beleidigern oder überhaupt mit dieser oft so kränkenden Welt aufgeräumt.

## Aggressives Verhalten

Bisher haben wir uns vor allem mit dem Innenleben des Ärgers beschäftigt – in Gefühlen, Wünschen und Gedanken. Wenn man so will mit der *„Software“ des Zorns*, auch wenn es dabei gar nicht sehr „soft“ zuging. Aber jetzt geht es darum, wie die innere Wut nach außen dringt, wie sie in Verhalten und Taten ausgedrückt und umgesetzt wird. Um in der Computersprache zu bleiben: die *„Hardware“ des Zorns*, und die kann ganz schön „hard“ sein …

Woran erkennen Sie, dass jemand zornig ist? – Gar nicht. Jedenfalls nicht sicher und nicht auf den ersten Blick. Denn der Ärger wird eben nicht immer offen zur Schau getragen, sondern oft versteckt. Manch einer ballt die Faust in der Tasche, schluckt das „böse Wort“ herunter, macht *gute Miene zum bösen Spiel.*

Einen richtigen *Wutanfall* sieht man heute am ehesten noch im Kino: Ein Meister aller Formen des Zornzeigens, von Gereiztheit, Empörung über Schimpfen und Toben bis zum chaotischen Wut-Ausflippen, war der französische Schauspieler Louis de Funès. Aber auch im Comic können wir Ärger pur bewundern, am besten in Entenhausen, bei der Familie Duck, wo sich Donald Duck und Onkel Dagobert ständig die hitzigsten Gefechte liefern.

Bringen wir ein bisschen Systematik in die Ausdrucksweisen von Grimm und Ingrimm.

Als Oberbegriff nehmen wir den Begriff *„Verhalten“.* Dabei kann man unterscheiden:
- *Körpersprache*
- *Sprechen*
- *Handeln.*

*Zornige Körpersprache*: Wenn einer mir die *kalte Schulter* zeigt, in *eisigem Ton* mit mir spricht, *giftige Blicke* wirft: dann weiß ich, dass er ein Hühnchen mit mir zu rupfen hat.

Es geht um ein äußeres Widerspiegeln unserer Gefühle und Gedanken im Gesicht oder Körper. Man nennt das heute überwiegend *„Körpersprache"* (body language). Genauer kann man unterscheiden zwischen *Mimik* (Gesichtsbewegungen) und *Pantomimik* (Körperbewegungen). Die Körpersprache kann mehr bewusst und kontrolliert sein oder weitgehend unbewusst, spontan, ja reflexartig ablaufen – so wenn man sich in plötzlichem Ärger abwendet.

Manch einer hat keine Ahnung, was sein Körper einem kundigen Beobachter so alles erzählt, über die geheimsten Gefühle verrät. Zwar hat Verhalten eigentlich mit *Bewegung* zu tun, aber Gefühle können sich auch dauerhaft im Gesicht eingraben. Chronischer Ärger kann sich z. B. in fest eingerunzelten Brauen zeigen. Nicht umsonst nennt man den *Brauenrunzler*, den Muskel, der die Senkung der inneren Brauenenden bewirkt, auch den „Muskel des Zorns".

Ich habe einmal gesammelt, was in der psychologischen Literatur als mimische Zeichen des Ärgers angegeben wird. Zwar verstehen wir alle, was es heißen soll, „wenn Blicke töten könnten", aber wie zeigt sich das konkret?

## DAS GESICHT DES ZORNS

| 1. Augen | |
|---|---|
| – Lidspalte | verengt, zusammengekniffen |
| – Blick | starrend, fixierend („böser Blick"), schräg oder funkelnd |
| – Augenbrauen | gerunzelt (herab- bzw. zusammengezogen) |
| 2. Mund | |
| – Lippen | zusammengepresst |
| – Zähne | aufeinandergebissen (knirschen) |
| – Mundwinkel | nach unten gezogen |
| 3. Nase | gerümpft |
| 4. Stirn | vertikale Stirnfalten horizontale Falte auf der Nasenwurzel |

Wie Sie sehen: Das „Gesicht des Zorns" ist nicht ganz eindeutig. Wer alle diese mimischen Bewegungen gleichzeitig machen wollte, würde sich ganz schön die Gesichtsmuskeln verrenken. Das hängt natürlich auch damit zusammen, dass es unterschiedliche Formen und Ausprägungen von Aggressivität gibt. Andererseits sind diese mimischen Reaktionen nicht willkürlich. Sie sind dem Menschen großteils sogar *angeboren.* Deswegen erkennt und versteht man sie auch spontan in allen Kulturen, in der ganzen Welt. Wie gesagt, jemand kann natürlich auch das coolste *poker face* zeigen, obwohl er im Inneren tobt.

*Zorniges Sprechen*: Erbostheit, Entrüstung, Erbitterung, Empörung zeigen sich aber auch sehr stark im *Sprechen* (und ähnlich im *Schreiben*): in dem, was wir sagen und wie wir es sagen. Oft ist die Form sogar wichtiger als der Inhalt, *denn der Ton macht ja bekanntlich die Musik bzw. den Missklang.*

Wer zornig ist, der schimpft vor allem. Und welche gewichtige Rolle das *Schimpfen* für den Menschen spielt, das zeigt sich an der Unmenge von Wörtern, die man im Synonym-Lexikon für dieses „ärgerliche Sprechen" findet. Um nur die wichtigsten zu nennen: schelten, tadeln, zanken, brummen, knottern, raunzen, knurren, murren, kollern, anschnauzen, ausschimpfen, abkanzeln, aufs Dach steigen, Abreibung erteilen, an den Wagen fahren, grob kommen, anmachen, anfauchen, anzischen, anpfeifen, anranzen, zurechtweisen, Zigarre verpassen, in den Senkel stellen, verdonnern etc. etc.

Mancher, der auf einen anderen *schlecht zu sprechen* ist, spricht das allerdings nicht frank und frei aus. Da gibt es die unterschwelligen Anspielungen. In bestimmten Fällen ist auch eine Belobigung eine Attacke – wenn man jemanden für eine Selbstverständlichkeit lobt. Oder die wahre Kränkung besteht nicht in dem, was gesagt, sondern was nicht gesagt, ausgelassen wurde. Dies ist auch der Bereich von *Ironie, Zynismus* und *Sarkasmus.* Hier fällt kein böses Wort, soll heißen kein offenes Wort des Zorns. Sondern man schlägt zu (bzw. zurück), indem man den anderen lächerlich macht. Da dies aber – halb – verdeckt geschieht, kann man dem Verspotteten, wenn der schließlich in Rage kommt, auch noch vorhalten: „Sei doch nicht so aggressiv!"

Wichtiger als die Aussage ist oft, *wie* man sie sagt, mit welchem Stimmklang, in welchem Tonfall. Manchmal klaffen Inhalt und Ton sehr auseinander: Zwar wird gesagt: „Ich freue mich über deinen Besuch." Der ärgerliche Klang der Stimme verrät jedoch: „Hau bloß wieder ab!" Solche widersprüchlichen Botschaften nennt man *„double bind"*, als *Beziehungsfalle* übersetzbar. Sie können einen ganz schön in Verwirrung stürzen, obwohl wir normalerweise mehr dem Wie als dem Was einer Äußerung glauben.

Aber woran erkennt man eine *zornige Stimme*? Sie kann rau klingen – *verstimmt*. Aber auch scharf, spitz, ja zischend. Feindseligkeit, die man unterdrücken und verbergen will, führt oft zu Heiserkeit, Räuspern, Hüsteln etc. „Kalte Wut" äußert sich in einer kalten Stimme. Wenn der Zorn durchbricht, wird es dagegen laut, endet in Geschrei und Gebrüll. Aber mancher tarnt seine Aggressivität gerade – fast undurchschaubar bzw. unhörbar – hinter einem besonders freundlichen Ton. Ein anderer wiederum verstummt im Zorn gänzlich, ist *vor Wut sprachlos*. Man hüte sich also vor allzu einfachen Zuordnungen der Art: Wut = Schreien.

*Zorniges Handeln*: Fehlen uns noch die *Handlungen*. Als es da gibt: Türenknallen, aus dem Haus stürmen, Faust auf den Tisch schlagen (man kann natürlich auch wie seinerzeit Chruschtschow einen Schuh dazu nehmen), Geschirr zerscheppern u.v.m. Wenn solchem Tun auch noch ein komischer Aspekt abgewonnen werden kann, so ist es damit natürlich vorbei, wenn sich der Zorn in Gewalttätigkeit gegen Menschen (oder Tiere) entlädt, in Angriffen und Schlägereien, „Mord und Totschlag". Aber es ist bereits schlimm genug, wenn Telefonzellen rabiat zerstört werden oder manche, nein viele ihren Ärger auf der Autobahn abreagieren, indem sie auf den Vordermann auffahren und ihn mit der Lichthupe bedrängen.

Der Übergang zwischen aggressiver Körpersprache und aggressivem *Handeln* ist fließend. Als „Körpersprache" bezeichnet man meistens biologisch vorgeprägte Ausdrucksbewegungen wie eben Stirn-Runzeln oder Faustballen. Als Handlungen gelten dagegen frei gewählte, bewusste und zielgerichtete Tätigkeiten. Aber wenn das Handeln – handgreiflich – zum Händel wird, wenn die Tätigkeit zur Tätlichkeit verkommt, ist es mit dem feinen Unterschied nicht mehr weit her. Z.B. kann man die „Handlung" des Tellerschmeißens kaum noch zielgerichtet nennen – ihr „Ziel" ist nur die Wand…

## Der zornige Körper

Zorn ist zunächst eine *seelische Erregung*. Aber Zorn kann auch eine *körperliche Erregung* bewirken. Denn es besteht eine enge Wechselwirkung zwischen Seele und Körper. Man kann sagen, die seelische Erregung löst eine körperliche Erregung aus. Oder man sieht die seelische und körperliche Erregung als zwei Seiten eines einheitlichen Prozesses. „Jemand steigt die Zornesröte ins Gesicht." „Jemand zittert oder bebt vor Zorn." Solche Redewendungen zeigen unmittelbar an, wie der Zorn sich in körperlicher Erregung äußert. Zwar löst nicht gleich jeder kleiner Ärger eine körperliche Erregung aus, aber bei starker Wut ist nicht nur die Seele, sondern auch der Körper erregt.

Was bedeutet körperliche Erregung? Sie ist *Körperprozess*, z.B. ein Pulsanstieg. Anders als die Körpersprache (z.B. das Aufstampfen mit dem Fuß) hat der Körperprozess keine Ausdrucksfunktion, ist für den Gegenüber nicht sichtbar (die Abgrenzungen sind allerdings fließend). Viele Körperprozesse sind kaum willentlich steuerbar, nur Yogis können ihren Puls willentlich regulieren. Die Körperprozesse werden vom autonomen *vegetativen Nervensystem* geregelt, das normalerweise von Willen und Bewusstsein unabhängig ist. Es wird beherrscht von zwei Nervensträngen, dem *Sympathikus* und dem *Parasympathikus*.

- Der Sympathikus ist vor allem bei der Arbeit, wenn wir uns erregen, also z.B. wütend, ja wutentbrannt sind.
- Der Parasympathikus regiert, wenn wir uns abgeregt haben, also ruhig und entspannt sind.

Bei körperlicher Erregung passieret Folgendes: Unter dem Einfluss des Sympathikus-Nervs werden verschiedene Körperfunktionen (z.B. der Puls) erhöht, andere (z.B. die Verdauung) reduziert. Aber nicht nur Wut löst so eine körperliche Erregung aus.

Es gibt eine *einheitliche Grundreaktion* des Körpers bei seelischen Erregungen. *Der Körper reagiert bei allen Auf- und Anregungen ähnlich*, wenn auch nicht völlig gleich. D. h. unser „body" macht keinen großen Unterschied zwischen Gefühls-Erregungen wie Wut, Angst, freudiger Erregung, Liebesaufregung und dergleichen mehr. Man kann vor Zorn einen roten Kopf bekommen, vor Scham, oder man kann vor Liebe glühen.

## WIRKUNGEN VON SYMPATHIKUS UND PARASYMPATHIKUS

| Funktion/Organ | Sympathikus-Wirkung (z. B. bei Ärger) | Parasympathikus-Wirkung (z. B. bei Ruhe) |
|---|---|---|
| 1. Stoffwechsel | gesteigert | reduziert |
| 2. Kreislauf | | |
| – Puls/Blutdruck | erhöht | erniedrigt |
| – Blutgefäße | verengt | erweitert |
| – Atmung | beschleunigt | verlangsamt |
| 3. Hormonausschüttung | | |
| – Schilddrüse | erhöht | erniedrigt |
| – Nebennieren | erhöht | erniedrigt |
| 4. Körpertemperatur | erhöht | erniedrigt |
| 5. Verdauungstätigkeit | | |
| – Magen/Darm | erniedrigt | erhöht |
| – Niere | erniedrigt | erhöht |

Was sagt uns diese Tabelle? Der Körper stellt sich bei seelischer Erregung, z. B. Wut – unter Einfluss des Sympathikus –, auf *körperliche Aktivität* ein. Der ganze Stoffwechsel wird beschleunigt. Es gibt den berühmten *Adrenalinstoß* aus den Nebennieren, auch die Durchblutung der Skelettmuskulatur erhöht sich. Alle Systeme auf „volle Fahrt voraus".

Alle? Nein, nicht alle. Nur die, die für die körperliche Aktivität besondere Leistung bringen müssen. Dagegen werden die

Körperprozesse gehemmt oder reduziert, die dabei unwichtig oder störend sind, z. B. die Verdauungsprozesse. (Es gibt allerdings auch eine *Schockreaktion*, bei welcher der Körper sich nicht auf Aktivität einstellt, sondern blockiert. Dabei wird u. a. die Verdauung gesteigert, wie es bei Angst bekannt ist.)

Wie beschrieben, tritt der Ärger ein, wenn wir uns eingeengt, behindert, gekränkt oder angegriffen fühlen. Angst tritt ein, wenn wir uns bedroht fühlen. Der Körper stellt sich nun auf eine Abwehr ein, auf *Kampf oder Flucht (fight or flight)*. Und für diese Kraftanstrengung werden die körperlichen Energiereserven mobilisiert. Wir werden später sehen, wie nachteilig dieses körperliche Aktivprogramm in unserer heutigen Welt sein kann, da es nur selten abgearbeitet wird.

Was haben Ärger, Wut und Zorn mit Stress zu tun?

*Stress* – jeder kennt ihn, jeder schimpft auf ihn, und doch wissen nur die wenigsten, worum es dabei wirklich geht. Vereinfacht und vorab gesagt: *Stress ist ein besonders starker Reiz* (bzw. die Reaktion des Körpers darauf).

Wir hatten festgestellt, dass der Körper ziemlich einheitlich auf seelische Reize bzw. Erregungen reagiert, seien es zornige, ängstliche oder freudvolle: Der Sympathikus-Nerv schaltet auf „action".

Seelischer Reiz → seelische Erregung → körperliche Erregung.

Aber der Körper gibt nicht nur auf unterschiedliche *seelische Reize* bzw. Erregungen eine gleichartige Antwort, sondern auch auf die verschiedensten körperlichen *Reize*, also z. B.: Infektionen, Verletzungen, Verbrennungen, Kälte, Strahleneinwirkung, Operation, Autounfall u. v. m. Es gibt eine *unspezifische Reaktion* auf starke Reize, die grundsätzlich abläuft, neben spezifischen Reaktionen wie z. B. Immunreaktionen bei Infektion, Wundheilung bei Verletzung usw. (diese Reaktion wird unten genauer beschrieben).

Der Begründer der Stresstheorie, der kanadische Arzt Hans Selye, nannte diese einheitliche *Reaktion* des Organismus „Stress". Der – starke – Reiz, der den Stress auslöst, wird „Stressor" genannt. Im allgemeinen Sprachgebrauch hat sich allerdings eingebürgert, dass man mit dem Wort „Stress" in erster Linie die schädlichen Reize oder Belastungen bezeichnet und weniger die Körperantwort. Stress gilt als der Bösewicht, der uns nervt, ängstigt, erzürnt, sei es Terminhetze, zuviel Arbeit, „Beziehungsstress" oder sogar Langeweile.

Richtig ist: Beim Stress handelt es sich um besonders starke und normalerweise negative Reize. Oder um zwar gemäßigte, aber häufige bzw. dauernde Belastungs-Reize. Es sind Reize, die das psychische und/oder körperliche Gleichgewicht bedrohen. Insofern erfordern Stress-Reize von uns eine *Bewältigungsreaktion*. Stress muss sich aber nicht negativ auswirken. Diese Herausforderung durch den Stress kann sich auch positiv auswirken. Man kann nach einer Krankheit gestärkt sein.

*Ärger* als psychische Erregung gehört nicht im eigentlichen Sinn zur Stress-Reaktion, denn die ist wie gesagt ein *körperlicher* Prozess (ob wir dabei innerlich Aufregung erleben, ist für den eigentlichen Stress-Prozess nicht entscheidend). Es ist aber möglich, dass uns z. B. eine Kränkung so stark ärgert, dass dadurch psychosomatisch eine Stress-Reaktion ausgelöst wird, weil nämlich über unser psychisches Gleichgewicht auch das körperliche Gleichgewicht bedroht wird.

Dabei kann der Ärger völlig übertrieben sein und sich verselbstständigen. Manch einer ärgert sich wie wahnsinnig über die Fliege an der Wand, so dass dadurch eine Stress-Reaktion ausgelöst wird. Hier liegt natürlich keine echte Bedrohung vor, nicht die Fliege ist „schuld", sondern die hohe Ärgerbereitschaft, der *überschießende* Ärger wird hier selbst zum Stress-Faktor: Ärger-Stress. Ähnlich ist es bei der Angstneurose, wenn Menschen durch ganz harmlose Reize (z. B. eine Warteschlange an der Kasse) in Panik geraten.

Der Stress-Begriff wird wie gesagt sehr unterschiedlich definiert. Ich will ihn hier als Zusammenfassung von Stress-Reiz (Stressor) und Stress-Reaktion verstehen.

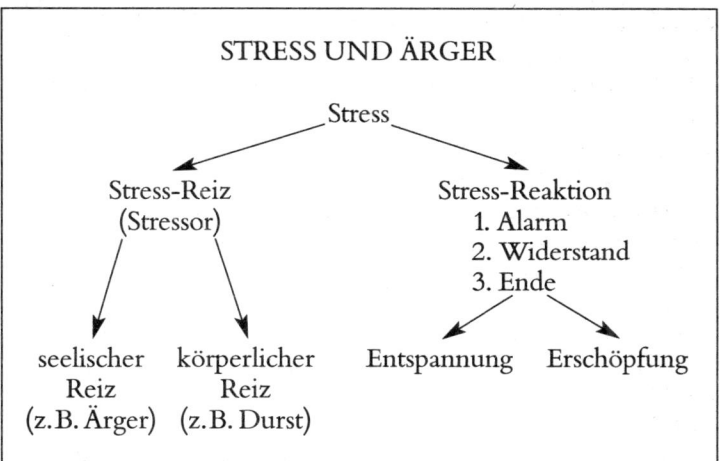

STRESS UND ÄRGER

Stress

Stress-Reiz (Stressor)
- seelischer Reiz (z.B. Ärger)
- körperlicher Reiz (z.B. Durst)

Stress-Reaktion
1. Alarm
2. Widerstand
3. Ende
- Entspannung
- Erschöpfung

Im Folgenden soll die *Stress-Reaktion* genauer erläutert werden.

Als Beispiel wähle ich eine psychische Stress-Situation, die Ärger auslöst (aber entscheidend ist wie gesagt der körperliche Prozess): Der Chef kritisiert seit langem ungerechterweise Ihre Leistungen. Sie sind verärgert, haben den Ärger bisher aber geschluckt.

Die Stress-Reaktion läuft in drei Phasen ab.

1. *Alarm* (mit Schock und Gegenschock)
2. *Widerstand*
3. *Entspannung* oder *Erschöpfung*.

1. *Alarm*:
– Psychisch: Sie erblicken den *Stressor*, den grimmigen Chef – es gibt Alarm. Und zwar erfolgt zunächst ein *Schock* („bloß nicht der schon wieder!") und dann ein *Gegenschock* („soll er bloß kommen!"). Im Gegenschock steigt der Ärger hoch, Sie bereiten sich auf eine Auseinandersetzung vor.
– Körperlich: Hier klingelt entsprechend der Alarm: Schock bedeutet kurzes (parasympathisches) Absinken von Puls, Blutdruck usw., der Körper holt gewissermaßen Luft. Dann, im Gegenschock, beginnen (durch Aktivierung des Sympathikus) Puls, Blutdruck usw. zu steigen.

2. *Widerstand*:
- Psychisch: Jetzt wird diese Aktivität voll durchgezogen: Als der Chef zu schimpfen beginnt, wehren Sie sich. Sie sagen z. B. dem Chef endlich mal die Meinung.
- Körperlich: Der Organismus wird durch den Sympathikus hochgepuscht: Der Puls geht schnell, vielleicht rast das Herz, der Blutdruck steigt an.
  Diese Phase hält so lange an, bis das Problem bewältigt ist oder man keine Kraft mehr hat.

3a. *Entspannung*:
Es gibt vereinfacht zwei mögliche Enden für die Situation: ein Happy-End oder ein Scheitern. Beim Happy End gelingt es, durch den Widerstandstand das Problem zu lösen, sich gegen den Chef zu behaupten. Idealerweise gibt der Chef zu, dass Ihre Leistungen eigentlich doch o. k. sind. (Eine Alternative ist noch, dass Sie sich an die Situation *gewöhnen*, sich nicht mehr über den Chef aufregen.)
- Psychisch: Man gerät danach in einen Entspannungszustand („das wäre geschafft!"), Ärger und Aufregung verschwinden, man fühlt sich befreit.
- Körperlich: Der Parasympathikus übernimmt die Herrschaft, der für Ruhe und Erholung zuständig ist. Der Herzschlag wird wieder langsamer, der Blutdruck sinkt, der Atem beruhigt sich. (Optimal ist dies dennoch nicht, denn eigentlich bereitet sich der Körper auf eine körperliche Aktivität vor, und auch durch ein lautes Gespräch wird die bereitgestellte Energie nicht vollkommen abgeführt. Aber es ist trotzdem nicht empfehlenswert, den Chef zu verprügeln).

3b. *Erschöpfung*
Das ist die negative Variante: Der Stressor kann nicht beseitigt werden. Sie können sich nicht gegen den Chef durchsetzen. Der Chef schimpft weiter oder nervt jeden Tag von neuem. Und Sie erregen und ärgern sich jeden Tag aufs Neue: *Dauerstress bzw. Dauerärger.*
- Psychisch: Dann landen Sie schließlich in der Erschöpfung („ich kann nicht mehr!"). Chronische Verbitterung ist die Folge, im Job „innere Kündigung":

- Körperlich: Das ist zwar auch ein (extrem) parasympathischer Zustand, nur, Sie erholen sich nicht wirklich. Das Problem ist ja nicht gelöst, der Alarm klingelt immer weiter. So leistet man – wenn man nur etwas neue Kraft geschafft hat – wieder „aktiven" Widerstand; stürzt dann in eine noch tiefere Ermattung und so fort: Eine negative Spirale, die zu seelischer wie körperlicher Krankheit führen kann.

## 2. Die vielen Ursachen des Zorns

*Aus der Mühle schaut der Müller,*
*der so gerne mahlen will.*
*Stiller wird der Wind und stiller,*
*und die Mühle stehet still.*
*So geht's immer, wie ich finde,*
*rief der Müller voller Zorn.*
*Hat man Korn, so fehlt's am Winde,*
*hat man Wind, so fehlt das Korn.*
Wilhelm Busch

*ICH ärgere mich über den Regen.* – *DER REGEN ärgert mich.* Merken Sie den Unterschied zwischen diesen beiden Aussagen? Auf den ersten Blick scheinen sie zwar dasselbe auszudrücken.

– Aber im ersten Fall *bin ich der Handelnde*, gewissermaßen der „Täter".

– Im zweiten Fall *handelt etwas anderes*, der Regen. Ich bin sein „Opfer".

Einmal bin ich *aktiv*, das andere Mal *passiv* – wie das auch sehr schön die gleichnamigen grammatischen Kategorien bezeichnen.

Anstelle des Regens kann man natürlich alles Mögliche einsetzen: Das defekte Auto ärgert mich, die fallenden Aktienkurse ärgern mich, der unfreundliche Nachbar ärgert mich, du ärgerst mich, sogar die ganze Welt ärgert mich.

Was stimmt denn nun? Mache ich meine Wut gewissermaßen selbst? Oder wird sie von einer anderen Person oder überhaupt etwas anderem hervorgebracht? Sicherlich, die Wut entsteht in mir, insofern bin ich ihr „Vater". Aber dies wäre als Gesamtantwort doch zu simpel. Entscheidend bleibt: Wird man zornig aus Gründen, die in einem selbst liegen oder aufgrund äußerer Ursachen? Noch einmal anders: Wir hatten gesehen, dass man wütend wird, wenn (bestimmte) Bedürfnisse und Erwartungen nicht erfüllt werden, weil sie eben mit der Realität nicht übereinstimmen. Was ist aber falsch? Mein Wunsch – oder die Welt?

Es gibt hier zwei verschiedene Auffassungen: Man kann sie wie folgt benennen:
• *Täter-Theorie*
• *Opfer-Theorie.*

Nach der Täter-Theorie bewirke ich selbst meinen Zorn, nach der Opfer-Theorie tut das vor allem die Umwelt. Diese beiden Theorien gehen allerdings weit über das Phänomen Zorn hinaus. Nach der Täter-Theorie liegt es insgesamt an mir, ob ich zufrieden oder unzufrieden, ja sogar ob ich körperlich gesund oder krank bin. Nach der Opfer-Theorie liegt es vor allem an der Umwelt, ob ich glücklich oder unglücklich, bei guter Gesundheit oder kränkelnd bin. Zunächst zur Täter-Theorie:

## TÄTER-THEORIE

Für die gilt: *Jeder ist seines Ärgers Schmied,* so wie jeder seines Glückes Schmied ist.

Ich bin der „Täter". Es liegt an mir selbst, an meinem *Ich,* wenn ich mich ärgere, grolle und schmolle. Es ist meine Verantwortung – in doppelter Hinsicht:
–  Ich habe *Fehler* gemacht, durch negatives Denken oder negatives Handeln die Ärgernisse verursacht, über die ich mich zu Recht ärgere. Z. B. durch Unvorsichtigkeit, Nachlässigkeit, Bequemlichkeit. Durch unfreundliches, arrogantes, provozierendes Verhalten. Oder durch Pflege von Pessimismus und Negativismus, die dann zu Misserfolgen führten. Die Fehlermöglichkeiten sind unbegrenzt …
–  Ich habe zu anspruchsvolle Wünsche, *Riesenerwartungen,* die gar nicht erfüllt werden können. Ich will alles, und das so-

fort – aber Wunder dauern etwas länger. Oder ich interpretiere ein ganz harmloses Geschehen als großes Ärgernis: Die Mücke an der Wand wird für mich zum Elefanten. Hier ist mein Zorn unberechtigt, es besteht gar kein echtes Ärgernis. Aber nach Auffassung der Ich-Theorie *suchen* viele Menschen (und sei es unterbewusst) gerade Ärger, wollen sich aufregen.

Nach der Täter-Theorie gilt also: *Ich ärgere mich (selbst).* Und damit letztlich auch: *Ich ärgere mich über mich (selbst)* als den eigentlichen – direkten oder indirekten – Verursacher meiner Wut, was mir allerdings nicht bewusst sein muss.

OPFER-THEORIE
Die zweite Auffassung sagt das Umgekehrte: Wenn einer zornig ist, dann hat ihn etwas anderes – Fremdes – erzürnt. Er ist „*Opfer*" der Umstände, die ihn zornig machten, bzw. Opfer seines Zorns, wieder in doppelter Sicht:
– Es ist die *Umwelt,* das schlechte Wetter, das kaputte Fernsehen, der unfreundliche Chef usw. usw., die jemand ärgerlich stimmen. Er reagiert nur notgedrungen auf eine Störung, eine Provokation oder einen Stress. Zwar hat er vielleicht auch selbst Fehler gemacht, aber unter dem Einfluss seiner *negativen Kindheit* oder ungünstiger Erbanlagen. Es ist nicht seine Verantwortung.
– Seine Wünsche sowie sein Ärger über deren Nichterfüllung sind berechtigt und nicht maßlos. Die Welt oder die Gesellschaft oder bestimmte Verhältnisse sind eben oft frustrierend.

Hat nun die Täter-Theorie oder die Opfer-Theorie recht? Die erste Antwort ist: beide oder beide nicht. Wut wird erstens sowohl von unserem *Ich* wie von *Umwelt*-Faktoren beeinflusst. Es ist unsinnig, den Einfluss der Umwelt ganz zu leugnen. Natürlich gibt es ärgerliche Ereignisse, für die wir nichts können, die nicht auf unseren Fehlern beruhen. Wenn wir drei Wochen in Urlaub fahren und es regnet die ganzen drei Wochen, dann ist das einfach „verdammt" ärgerlich. Es gibt zwar Vertreter einer extremen, esoterischen Täter-Theorie, die behaupten: „Alles, was man erlebt, hat man selbst verursacht. Jeder schafft sich seine

Welt selbst." Aber hier liegt ein irrationales, letztlich magisches Denken vor. Außerdem besteht dabei die Gefahr, dass Menschen für ihre Probleme oder Krankheiten noch moralisch verurteilt und als schuldig dargestellt werden. Ähnliche Vorstellungen gibt oder gab es in traditionellen Religionen, wenn man Krankheiten als Strafe Gottes ansah.

Andererseits bringt es auch nichts, alle eigenen Probleme und allen Ärger auf die Umwelt zu schieben. Wenn man zu schnell fährt, geblitzt wird und sich darüber ärgert, nützt es wenig, die Polizei für den Ärger verantwortlich zu machen. Überhaupt hat das Ich ja einen gewissen Einfluss auf die Umwelt. Wenn ich mich ständig über meinen unfreundlichen Chef ärgere, kann ich notfalls den Job wechseln (obwohl das natürlich nicht immer einfach ist).

Damit kommen wir zum zweiten Punkt, der *Freiheit des Ich*. Auch wenn man einräumt, dass unser Ich selbst Ärgernisse mitverursacht durch Fehler oder zu hohe Erwartungen: Ist unser Ich nicht bestimmt durch die *genetische Anlage, körperliche Prozesse* und unsere früheren Erfahrungen, vor allem *Kindheitserfahrungen*? Kann das Ich also überhaupt etwas für sein Fehlverhalten?

Die *Täter-Theorie* lehnt diesen Gesichtspunkt ab. Sie sagt, unser Ich ist frei, sich zu entscheiden, wie es will, und sei daher auch total selbst verantwortlich. Es gibt kein Glück oder Pech und kein Schicksal. „Glück" hat nur der Tüchtige. Esoterische Anhänger der Lehre von der Wiedergeburt (Reinkarnation) behaupten sogar: Jemand hat sich seine Eltern selbst ausgesucht bzw. durch seine Taten in früheren Leben (Karma) herangezogen. Er soll daher auch für schlimme Kindheitserfahrungen die Verantwortung tragen. Dagegen sagt die *Opfer-Theorie*: Unser Ich wird von verschiedenen Faktoren geprägt. Wer z. B. eine schreckliche Kindheit erlebt hat, wer von seinen Eltern unterdrückt wurde, der ärgert sich automatisch, er kann nicht anders. Schon gar nicht ist jemand für seine Gene verantwortlich. Ebenso kann jemand Opfer eines schlimmen Schicksals oder auch nur ein Pechvogel sein. Umgekehrt beweist Lebenserfolg noch keine Tüchtigkeit. Denn wie das Sprichwort lehrt: *Die dümmsten Bauern haben oft die dicksten Kartoffeln.*

Insofern ist eine *Ganzheits-Theorie* angemessen, die beide Seiten berücksichtigt.

– Wut ist sowohl von unser *Umwelt* als auch von unserem *Ich* bestimmt.

– Und unser Ich ist einerseits für seine Handlungen und Entscheidungen *verantwortlich*, andererseits wird unser Ich von verschiedenen Faktoren *beeinflusst*, die es größtenteils nicht steuern kann.

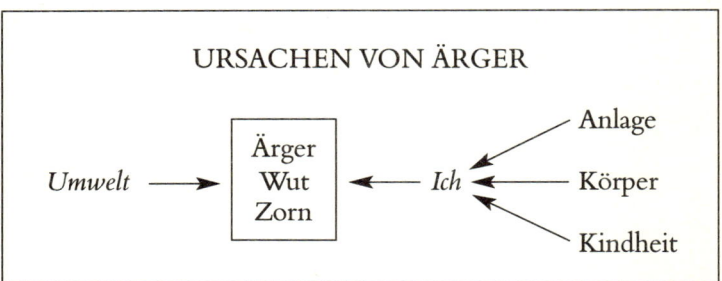

Diese Abhängigkeiten sind auch bei der Praxis zu berücksichtigen. Die Täter-Theorie wirft der Opfer-Theorie vor, sie verführe zur Passivität, da Menschen sich als Opfer sehen und nichts gegen Ärger unternehmen würden. Aber das ist nicht zwangsläufig. Auch wenn man sich als Opfer von Ärgernissen sieht, kann man doch versuchen, diese Ärgernisse soweit möglich auszuräumen. Umgekehrt kann die Täter-Theorie zu einem überzogenen Aktivismus führen, als ob man allen Ärger selbst überwinden könnte.

Im Folgenden sollen die verschiedenen Ursachen genauer erläutert werden. Auf die *Ich-Ursachen*, wie sie die Täter-Theorie herausstellt, wird hier nur kurz eingegangen, weil sie im Praxis-Teil noch im Einzelnen diskutiert werden.

ICH-URSACHEN FÜR ÄRGER
● *Gefühle*
  – Festhalten an alten Gefühlsmustern/z. B. wie ein Wut-Automat reagieren

- Sich reinsteigern in die Wut/z.B. sich bei jeder Kleinigkeit aufregen
- Positive Gefühle wegdrängen/z.B. seine Freude nicht ernst nehmen
- *Bedürfnisse*
  - Maßlose, perfektionistische Wünsche, die scheitern müssen/z.B. immer Erfolg
  - Widersprüchliche Wünsche, die nicht beide erfüllbar sind/z.B. Karriere + Faulheit
  - Destruktive Wünsche, die nur neuen Ärger bringen/z.B. Rachewünsche
- *Einstellungen/Gedanken*
  - Negativismus: immer Ärger erwarten/z.B. allen Mitmenschen misstrauen
  - Übertreibung/z.B. aus einer Mücke einen Elefanten machen
  - Selektive Wahrnehmung/z.B. nur das Ärgerliche sehen
- *Verhalten*
  - Provokation/z.B. sich über andere lustig machen
  - Selbstbeschädigung/z.B. sich vor anderen schlecht machen
  - Misserfolg suchen/z.B. die eigene Arbeit sabotieren
- *Körper*
  - Den Körper stressen/z.B. durch Nikotin, Alkohol, Drogen
  - Den Körper überfordern/z.B. durch Hochleistungssport
  - Den Körper unterfordern/z.B. durch Bewegungsmangel

## Vom Aggressionstrieb angestachelt?

Sind wir zur Aggression verurteilt, weil diese in unseren *Genen* lauert? Sigmund Freud behauptete das. Oder verhält sich der Mensch notgedrungen wütend, weil seine unterschiedlichen alten und neuen Gehirnbereiche nicht miteinander harmonisieren? Der Mensch als „Irrläufer der Evolution"?, wie das der Anthropologe Arthur Koestler beschrieben hat.

Vor allem: Gibt es einen *Aggressionstrieb*? D.h. neigt der Mensch von Natur aus zu wütendem Verhalten, ohne frustriert oder gereizt worden zu sein? Die Diskussion darüber ist bis heute nicht abgeschlossen. Insbesondere Biologen – wie Konrad

Lorenz – meinen, der Mensch besitze, wie die Tiere, einen angeborenen Drang zur Aggression: „das so genannte Böse". Dagegen vertreten viele Psychologen und Soziologen die *Frustrations-Aggressions-Hypothese* von Dollard und Miller, nach der wir uns nur dann aggressiv verhalten, wenn wir Frust verspüren. Das hieße, nur wenn unsere Bedürfnisse nicht erfüllt werden, erbittern, ereifern und erregen wir uns.

Aber was heißt eigentlich überhaupt *Aggressivität*? Man kann verschiedene Stufen unterscheiden:

- *Herangehen*: auf etwas zugehen (von lateinisch: „aggredi")
- *Balgerei*: spielerisches oder sportliches Kräftemessen
- *Verteidigung*: sich gegen eine Behinderung oder Attacke wehren
- *Angriff*: versuchen, den anderen zu besiegen
- *Vernichtung*: ohne Grund den Gegner zerstören wollen.

Im Tierreich finden wir alle diese Formen. Bei einem Herangehen, eigentlich nur einer Kontaktaufnahme, sprechen wir normalerweise noch gar nicht von Aggression, ebenso wenig bei spielerischem Raufen von Jungtieren. Zur Sache geht es, wenn ein Tier sich – sowie seine Familie, seine Artgenossen oder sein *Territorium* – verteidigt. Es greift aber auch selbst an, um Beute zu machen oder um sich und damit sein Erbgut gegen einen Rivalen durchzusetzen, z. B. bei der Begattung. Lange Zeit hieß es, so genannte *Tötungshemmungen* verhinderten gezielte Tötungen innerhalb einer Art. Inzwischen weiß man, dass es auch bei Tieren, und zwar auch bei frei lebenden, „sinnlosen Mord" von Artgenossen gibt – das Böse ist immer und überall …

Und beim Menschen? Auch er zeigt diese verschiedenen Formen von Aggression und verrät damit seine Verwandtschaft mit den tierischen „Vorfahren". Auch Menschen nehmen Kontakt auf oder balgen. Sie verteidigen sich, etwa wenn man ihnen zu nahe tritt, ihre „Intimsphäre" verletzt. Und sie greifen an, wollen erobern. Dabei sind gezielte Vernichtungen von Artgenossen = Mitmenschen noch verbreiteter als bei den Tieren.

Man muss dem Menschen zwar nicht einen Aggressionstrieb im Sinne eines *Zerstörungstriebes* oder *Todestriebes* (wie Freud den nannte) unterstellen. Aber anscheinend treibt es den Menschen doch zum Kämpfen, Dominieren, Siegen. Jedenfalls hat er aber eine angeborene *Aggressionsbereitschaft*. Die wird durch Kränkungen und Frustrationen ausgelöst, insoweit haben die Psychologen sicher Recht. Nur reagiert der Mensch so fix mit Auffahren und Aufbegehren, dass man schwerlich glauben kann, er sei im Grunde sanft wie ein Lämmchen, eine immer friedliche Seele, die allein durch unerträgliche Belästigungen und Störungen in Rage gerate. Vielleicht in einer idealen Gesellschaft, in einer idealen Welt, könnte der Mensch weitgehend aggressionsfrei leben ...

Wir haben gesehen, dass das Erbgut der menschlichen Art offensichtlich ein gewisses Aggressionspotential enthält. Aber was ist mit der *unterschiedlichen Aggressivität* von Menschen? Mancher schleicht ja freundlich lächelnd durchs Leben, ein anderer tobt sich schimpfend durch die Tage. Können auch diese Unterschiede genetisch erklärt werden?

Das Problem fängt ja schon bei den *Geschlechtern* an. Auch wenn es heute männliche „Softies" und sehr kriegerische Emanzen gibt, nach wie vor scheint zu gelten, dass Männer grundsätzlich aggressiver als Frauen sind. Gerade die Gewalt von Männern gegen Frauen ist ein gesellschaftliches Problem. Allerdings gibt es nach neueren Untersuchungen auch eine erhebliche körperliche Gewalttätigkeit von Frauen gegen Männer, wie sie der Film „Der geschlagene Mann" mit Peter Strauss eindringlich darstellt. Nur wird dieses Phänomen stark tabuisiert, weil die betroffenen Männer vor Scham meistens schweigen. Auch gibt es eine verbreitete Konkurrenz und Aggressivität zwischen Frauen, die so genannte „Stutenbissigkeit". Dennoch ist eine größere Aggressivität des Mannes unbestreitbar. Liegt das am Erbmaterial oder etwa an einer unterschiedlichen Erziehung?

Es ist bekannt, dass das *männliche* Sexualhormon *Testosteron* die Angriffslust steigert. Ein Hinweis (neben anderen) dafür, dass der Mann tatsächlich von Natur aus aggressionsbereiter ist als die Frau. Mit der Abnahme der Testosteronproduktion im Alter ließe sich ebenfalls erklären, warum alte Männer meistens friedlicher sind als die jungen in ihrer Sturm-und-Drang-Zeit. Natürlich schließt das den Einfluss anderer Faktoren nicht aus.

Aber lässt sich auch der individuelle Aggressionsunterschied – z.B. zwischen zwei gleichaltrigen Männern – genetisch verstehen? Normalerweise haben Männer als *Geschlechtschromosomen* ein X- und ein Y-Chromosom (Frauen dagegen zwei X-Chromosomen). Bei der Krankheit *Double male* oder *YY-Syndrom* besitzt der Mann aber zwei X- und zwei Y-Chromosomen (XXYY). Es handelt sich dabei überwiegend um große, kräftige Männer, die anscheinend vermehrt zu Gewalttaten neigen. In der Boulevard-Presse wurde dann das überzählige männliche Y-Chromosom auch schon als „Mörder-Chromosom" bezeichnet. Das ist natürlich unsinnig, es gibt auch kein bestimmtes Aggressions-Gen, dennoch scheint ein direkter Zusammenhang zwischen Genen und Gewaltbereitschaft vorzuliegen.

Wichtiger ist jedoch ein indirekter genetischer Einfluss. Konkret werden unsere Emotionen wie Zorn von bestimmten Gehirnbereichen (insbesondere dem *limbischen System*) und Hormondrüsen bzw. Hormonen gesteuert. Und diese körperliche Ausstattung wird in erster Linie durch Vererbung bestimmt. „Vom Vater hab' ich die Statur, vom Mütterchen die Frohnatur" – oder eben auch die „Frustnatur"? Manch einer kommt wohl mit besonders „saftigen" Drüsen und entsprechend einer starken Vitalität, Triebstärke, ja eben auch einem hitzigen Temperament zur Welt. Im Extremfall kann ihn das zum Triebkranken bzw. Triebtäter disponieren.

Hier ist generell die Frage nach einer *Aggressions-Krankheit* zu stellen. Manche Wissenschaftler halten die ganze Menschheit von ihrem Erbgut her gewissermaßen für krankhaft aggressiv, aber das führt kaum weiter. Sondern man sollte Krankheit doch als individuelle Abweichung von der Norm bestimmen. Nun ist nicht jeder, der etwas wütender ist als der Durchschnitt, gleich krank. Man könnte von einer *Störung* sprechen, einem Fehlverhalten oder nur einer schlechten Angewohnheit. Aber es gibt doch Menschen, bei denen man von einer krankhaften Aggressivität sprechen kann.

Zum Ersten ist hier an bestimmte *psychische* Krankheiten zu denken. Dabei wird vor allem zwischen den leichteren *Neurosen* und den schwereren *Psychosen* sowie *Psychopathien* unterschieden. Bestimmte Neurosen wie z.B. die Zwangsneurose und bestimmte Psychosen wie z. B. Schizophrenie oder auch psychopathische Störungen sind häufig mit verstärkter Aggressivität verbunden. Bei den Psychosen und Psychopathien wird ein Erbfaktor angenommen, bei den Neurosen ist er umstritten.

## Der Körper als Ärger-Maschine

Beim Thema Gene war der Körper natürlich schon angesprochen. Aber es gibt auch *erworbene* Störungen und Erkrankungen des Körpers, die zu Aggressivität führen können. Und es gibt eine Vielzahl von Störungen, bei denen Anlage und Umwelt zusammenwirken bzw. bei denen man nicht genau abgrenzen kann, wie viel durch die Gene bedingt ist und wie viel durch Umwelteinflüsse. Körperliche Störungen, die unmittelbar Aggressivität auslösen, betreffen in erster Linie das Gehirn, aber auch das Hormonsystem.

Ein Beispiel ist das „Zappelphilipp-Syndrom" (ADS). Kinder, die zu einer *Hyperaktivität* neigen, die nicht stillsitzen können, führen ihre Unruhe eben auch öfters in aggressiven Handlungen ab, außerdem geraten sie durch ihre Hektik leichter mit anderen in Konflikt. Die Ursache des ADS ist noch nicht genau geklärt. Aber man spricht von einer Stoffwechselstörung des Gehirns. Ebenso Tumore, Infektionen oder Verletzungen bestimmter Hirnbereiche können zu aggressivem Verhalten führen.

Aber auch eine *Überfunktion der Schilddrüse*, die jemand unruhig und überreizt macht, kann zu Aggressionen führen. Eine Schilddrüsen-Überfunktion wird meist erst im Laufe des Lebens erworben. Es war vielleicht eine genetische Disposition da, aber es kamen äußere Einflüsse hinzu. Störungen anderer Drüsen wie der Nebennieren (die Adrenalin ausschütten) mögen ebenfalls Spannung und Zorn provozieren. Sogar bestimmte Lebensmittel-Allergien sollen Aggressionen auslösen.

Neben solchen ernsthaften körperlichen Störungen und Krankheiten gibt es *vorübergehende körperliche Zustände*, die mit vermehrtem Zorn verbunden sind oder ihn begünstigen. Wenn man sehr müde und überanstrengt ist, fühlt man sich oft gereizt und von daher leichter verärgert. Insbesondere bei chronischer *Übermüdung* (bzw. chronischem Schlafmangel oder Schlafstörungen) kann das entsprechend zu chronischer Gereiztheit führen. Auch starker Hunger kann wütend machen, ebenso mangelnde sexuelle Befriedigung. Der Psychologe Wilhelm Reich meinte sogar, dass es in einer sexuell befriedigten Gesellschaft kaum Aggression geben würde.

Unter dem Einfluss bestimmter Medikamente oder Suchtstoffe fühlen wir uns schneller wütend. Das sind einerseits Stoffe, die einen *aktivieren* und antreiben („uppers"), Medikamente wie *Amphetamine* (Aufputschmittel) und *Antidepressiva*. Gerade von dem antidepressiven Mittel *Prozac* (in Deutschland *Fluctim*), das in den USA eine Art Modemedikament ist, wird behauptet, dass es zu aggressivem Verhalten oder Wutausbrüchen anstacheln kann. Umso mehr gilt das für Drogen wie Speed, Craig und Kokain, in gewissem Ausmaß auch für Kaffee und Zigaretten.

Auf der anderen Seite können Mittel, die *enthemmend* wirken, aggressive Gefühle und Handlungen steigern, indem die Kontrollmechanismen, die sonst die aggressiven Strebungen im Zaun halten, reduziert werden. Die Hauptrolle spielt hier der *Alkohol*. Bei wie vielen Gewalttaten heißt es vor Gericht: „Alkohol war im Spiel!". Unter Alkohol wird sogar eine verminderte Zurechnungsfähigkeit angenommen, d. h. als Schuldiger gilt gewissermaßen der Alkohol, nicht der Täter. Aber auch enthemmende Drogen wie Ectasy oder LSD können Wutausbrüche und aggressive Handlungen auslösen.

Neben dieser direkten körperlichen Auslösung von Zorn und Aggression kann der Körper in *indirekter* Weise Zorn bereiten. Der Körper ist sehr wichtig für uns, es ist unsere Basis, mit ihm treten wir mit der Außenwelt in Kontakt. So können alle Störungen des Körpers, die uns behindern oder zu Kränkungen führen, Zorn auslösen. Das mögen Krankheiten sein, Behinderungen, ungünstiges Äußeres (eine „hässliche" Nase), Versagenszustände (Impotenz) etc. etc. Übrigens können uns auch Krankheiten unserer Angehörigen wütend machen, weil wir uns gezwungen fühlen, ständig Rücksicht zu nehmen.

Wenn es schon bei körperlichen Störungen oft unsicher ist, inwieweit sie angeboren oder erworben sind, so gilt das umso mehr für Verhaltensmuster. Vor allem: Was „angeboren" wurde, braucht noch nicht vererbt zu sein. Lassen Sie sich überraschen!

## Die Wut aus der Kindheit

„Jochen war schon von Geburt an jähzornig", heißt es. Aha, denkt man, also Vererbung. Aber so schnell ist das nicht bewiesen. In den letzten Jahren hat die so genannte *Pränatale Psychologie*, die sich mit dem *vorgeburtlichen Seelenleben* beschäftigt, mehr und mehr herausgefunden, wie stark schon die Erfahrungen im Mutterleib den Charakter eines Menschen prägen können. Jochen kam zwar schon wütend auf die Welt, aber vielleicht hat er in „Mamas Bauch" auch schon genug Ärgerliches erlebt. Und die Gene sind ganz unschuldig.

Viele verschiedene *Einflüsse in der Schwangerschaft* können den Embryo belasten: *körperliche*, z. B. wenn die Mutter raucht, (zu viel) Alkohol trinkt oder bestimmte Medikamente nimmt; *seelische*, z. B. wenn die Mutter unter starkem Stress steht, vor allem aber das kommende Kind ablehnt. Solche Störungen können die Basis für eine ängstliche, depressive oder eben aggressive Persönlichkeit legen. Mancher wurde vielleicht schon *im Zorn gezeugt*.

Einen noch größeren Einfluss scheint die *Geburt* selbst auszuüben. Bereits um 1920 hatte der Psychologe Otto Rank die Behauptung aufgestellt, die Geburt bedeute eine extreme Belastung, ein Trauma, das *Geburtstrauma*. Nach heutiger Auffassung muss der Start ins Leben zwar kein Trauma sein, ist es aber häufig, gerade unter den Bedingungen medizinischer Geburtshilfe, die wenig Rücksicht auf die Bedürfnisse des Neugeborenen nimmt. Dagegen scheinen Menschen, die eine „sanfte Geburt" hatten, allein dadurch ein sanfteres, weniger aggressives Wesen zu entwickeln. Nach dem Motto: *Anfang gut, alles gut.*

Besonders traumatisch wirkt die Geburt aber, wenn es zu Komplikationen kommt. Dabei entsteht offenbar am ehesten dann eine Wutprägung, wenn das Geborenwerden auf irgendeine Weise verzögert ist, das Kind auf seinen „Austritt" warten muss, es gehindert wird. So haben manche Patienten in Psychotherapien wiedererlebt, wie ein Steckenbleiben im Geburtskanal oder überlange Wehen schon in der Geburtsstunde einen *Urzorn* in ihnen auslösten.

Aber warum führt eine solche Störung bei dem einen zu Wut als Grundverhalten, beim anderen stattdessen zu Angst? Der Begründer der *Primärtherapie*, Arthur Janov, hat darüber herausgefunden: Wenn ein Kind durch *zorniges Kämpfen* im Mutterleib zum „Erfolg", dem Rauskommen, mit beiträgt, wird dieser Zorn als erfolgreiches Abwehrverhalten eingeprägt, so mit dem Sinn: *Ich muss zwar kämpfen, aber so kann ich es schaffen.*

Führt dagegen jedes Wehren zu einer Verschlimmerung, etwa weil die Nabelschnur um den Hals gewickelt ist und die Einschnürung bei Bewegung zunimmt, kann ein *ängstliches Stillhalten* zum Grundmuster des Verhaltens werden. Wichtig ist, dass solche Einprägungen sich nicht nur im Seelischen finden, sondern auch in Körper und Gehirn – man spricht von *„Engrammen".*

Nun soll hier aber nicht so getan werden, als ob mit Geburt schon alles entschieden sei. Natürlich spielen auch die Kindheitserfahrungen, gerade die ersten drei Jahre, eine große Rolle bei der Entstehung eines zornigen oder sanftmütigen Temperaments. Und zwar sind es die Eltern bzw. ihre Erziehung, die den stärksten Einfluss ausüben. Sollen die Eltern beschuldigt werden? Darum geht es nicht – ohnehin sind Eltern ja wiederum von ihren Eltern (falsch) erzogen worden etc. etc. Aber das Aufdecken der Ursachen von Aggressivität darf auch nicht durch ein Verschleiern und Beschönigen verhindert werden.

Und wie wird ein Kind *zur Aggression „erzogen"*? Da gibt es viele Möglichkeiten: das Kind runtermachen („Das kannst du also auch nicht!"), es durch übertriebene Gebote und Verbote dirigieren, es allein lassen, im Keller einsperren, anschreien, schlagen – bis zu körperlicher Misshandlung und sexuellem Missbrauch.

Um es auf einen Nenner zu bringen: Es ist die so genannte *autoritäre Erziehung,* die schadet. Eine Erziehung, bei der das Kind einerseits sehr viel *Mangel* erlebt (an Liebe und Zärtlichkeit), andererseits vielen *Störungen* ausgesetzt ist (durch Strafen und Befehle). Ganz speziell eine strenge *Sauberkeitsdressur,* bei der man das Kind viel zu früh zwingt, aufs Töpfchen zu gehen, soll nach psychoanalytischer Theorie eine aggressive Charakterstruktur fördern. Generell bewirken Demütigungen, Beschädigungen des Selbstwertgefühls, so genannte *narzisstische Kränkungen,* eine narzisstische Persönlichkeit, die mit – narzisstischem – Zorn schon auf kleine Versagungen reagiert. Auch der von dem

Psychologen Alfred Adler postulierte *Wille zur Macht* hat hier vielleicht seine wirkliche Ursache.

Es sind aber nicht nur die Traumata, die auf einen Weg des Zorns führen können. Auch wenn das Verhalten der Eltern das Kind nicht direkt betrifft und verletzt, hat es Einfluss – denn das Kind ahmt ja die bewunderten Eltern nach. Wenn der Vater dauernd über andere Menschen schimpft, das Kind wird es lernen. Der Psychologe Bandura nennt diese Nachahmung *Beobachtungslernen*. Ebenso wirken sich Überzeugungen und Lebensauffassungen aus, manchmal über *Generationen* von Familien. Wenn z. B. eine Mutter ihrem Sohn einimpft, er dürfe sich nie etwas gefallen lassen, wird er vermutlich ein aufrechter Kämpfer werden. Generell spielen neben Traumata verschiedene Arten von *Lernprozessen* eine wesentliche Rolle, wie Konditionierung oder Lernen durch Versuch und Irrtum.

Sowohl Traumata wie Lernprozesse führen zu einer kausalen Erklärung, *warum* jemand so geworden ist wie er ist. Aber neben den *kausalen Gründen* gibt es auch *finale Gründe* zu berücksichtigen.

Der kausale Grund gibt die *Entstehungsursache* an, z. B.: John ist so aggressiv, *weil* er immer geschlagen wird. Der finale Grund gibt die *Zweckursache* an, z. B.: Birgit verhält sich feindselig, *um* sich gegen die Eltern zu behaupten. Bei unbewussten *Zielen* spricht man auch von *Funktionen*, z. B.: Michaels Zorn hat die Funktion, dass seine Angst weggedrückt wird.

Die *Opfer-Theorie*, die Aggression mehr als *fremdbestimmt* sieht, fragt nach den kausalen Ursachen, nach den Traumata und negativen Lerneinflüssen, denen jemand ausgesetzt war. Sie sieht Zorn als Folge von solchen Verletzungen und ungünstigen Lernprozessen.

Die *Täter-Theorie*, die Aggression als *selbstbestimmt* begreift, fragt mehr nach den Zielen oder Funktionen, die jemand mit seiner Aggressivität verfolgt. Sie stellt mehr den *Abwehrcharakter* des Zorns in den Mittelpunkt.

Für eine umfassende Erklärung von Zorn müssen wir beide Aspekte aufgreifen:

- *Warum* ist jemand so aggressiv?
- *Wozu* ist jemand so aggressiv?

Man mag argumentieren: „Warum soll die Vergangenheit, die Kindheit oder die Geburt noch die Seele und das Verhalten des Erwachsenen beeinflussen? Das ist doch alles vorbei." Aber die Erfahrungen und die Verletzungen führen eben zu *Prägungen* des Körpers wie der Psyche. Vor allem werden die traumatischen Verletzungen verdrängt, quasi vergessen. Gerade deshalb werden sie nicht aufgearbeitet und überwunden, sondern leiten vom Unbewussten aus großteils unser Seelenleben. So wie uns die *heutige* Umwelt direkt beeinflusst, so beeinflusst uns die *vergangene* Umwelt ebenfalls, nur indirekt, indem sie Spuren in uns hinterlassen hat bzw. wir sie verinnerlicht haben.

Wenn man bei einem erwachsenen Menschen nach den Ursachen seines Zorns fragt, darf man sich selbstverständlich nicht auf die Kindheit beschränken, auch seine spätere Vergangenheit zählt. Nur, normalerweise ist die Kindheit viel wichtiger. Sie prägt den Menschen und auch sein Aggressions-Muster. Und die Kindheit ist, wie gesagt, nicht überwunden, wenn man sein Elternhaus verlässt. Die nörgelnden Eltern haben sich – als *Über-Ich* – in der eigenen Seele verewigt, schimpfen im Inneren weiter. Da hilft auch der *Blick zurück im Zorn* nicht.

Dennoch können natürlich auch spätere Belastungen der *Jugendzeit* wie Sitzenbleiben in der Schule, kein Ausbildungsplatz, Streit mit Eltern und negativen Erfahrungen als *Erwachsener* zur Wutentwicklung bzw. Wutverdrängung beitragen. Diesen gegenwärtigen Belastungen widmen wir uns im nächsten Punkt.

## Unser Alltags-Frust

Ärger entsteht also auch durch negative Erfahrungen, die wir in unserem *jetzigen Leben* machen, in unserem *Alltagsleben* als erwachsener Mensch. Man kann von Belastungen durch unsere *Umwelt* sprechen. Unter „Umwelt" wird hier nicht speziell die Natur verstanden, sondern unsere gesamte Lebenswelt. Allerdings werden scheinbar ärgerliche Erfahrungen als Erwachsener oft von Kindheitserfahrungen überlagert – ohne dass man das merkt.

Beispielsweise ärgern wir uns über die Einmischung einer Freundin, alles weiß sie besser. Nur: In Wirklichkeit mischt sie sich gar nicht ein oder nur wenig. Sie erinnert uns aber – unbewusst – an die strenge Tante Hilde, die uns als Kind drangsalierte. Vielleicht sieht sie ihr nur ähnlich, aber das reicht, dass wir uns bevormundet fühlen und ärgerlich werden. Man nennt das *Übertragung* – eines alten Gefühls (aus der Kindheit) auf die Gegenwart. Man überträgt die Gefühle zur Tante Hilde auf die Freundin.

Oder: Sie regen sich darüber auf, wie aggressiv doch Ihre Arbeitskollegen alle sind. Was Ihnen nicht bewusst ist: Sie selbst sind der Streitmichel. Sie tragen noch jede Menge unverdauter, verdrängter Wut aus der Kinderzeit in sich. Sie wehren dieses Wutgefühl aber dadurch ab, dass Sie es den anderen in die Schuhe schieben – *Projektion* heißt das in der Psychoanalyse.

In solchen Fällen ist es also nur scheinbar das böse Heute, das einen nervt. Und früher, sprich in der Kindheit, war keineswegs alles viel besser, sondern dort liegen die Wurzeln des Ärgers. Zu viel Frustration in der Kindheit kann zu einer geringen *Frustrations-Toleranz* führen. Jemand ist als Kind so abgrundtief geärgert worden, dass es später eben nur Kleinigkeiten braucht, um ihn in Rage zu versetzen. Anders gesagt: Durch die Überlastung wird ein Dauerärger erzeugt, eine *chronische* Wut, die schon durch kleine Reize stets aufflackert.

Damit will ich aber keineswegs bestreiten, dass es in unserer Jetzt-Zeit genügend Missstände gibt, die allein einen schon missmutig, missgestimmt, missvergnügt machen können.

Ich gebe im Folgenden einen kurzen Überblick, wie in den verschiedensten alltäglichen Lebensbereichen der Gegenwart Aggressivität entstehen kann:

1. *Gesellschaft:* Politik- und Spendenskandale, Lobbyistentum und Schiebung, Ungerechtigkeiten, Bürokratie und Beamtenwillkür, krasse Gegensätze zwischen Besitzenden und Besitzlosen schüren Ärger. Dieser Zorn über „die da oben", über das „Establishment" hat die *68er* Studentenrevolte bestimmt. In undemokratischen Staaten, Diktaturen, herrschen „Unfreiheit, Ungleichheit und Unbrüderlichkeit", die Menschenrechte sind abgeschafft. Kommt noch Not dazu, kann sich der Volkszorn im Aufstand entladen, oft bleibt aber nur der ohnmächtige Zorn.

2. *Kultur:* Eine starre Kultur – staatlich verordnet und kontrolliert –, das erzeugt Widerstand. Aber auch Vielzahl, ja Überangebot von Weltanschauungen wie in unserer Kultur mag zu Unzufriedenheit führen: Der Einzelne verliert die Orientierung in der unüberschaubaren Komplexität. Alte Sinndeutungen, z. B. religiöse, sind für viele nicht mehr überzeugend; neue wie Karriere oder einfach nur Konsum befriedigen aber auch nicht. Es entsteht eine *Sinnkrise,* eine innere Leere, die aggressiv machen kann.

3. *Lebensraum / Wohnung:* Anonymität und Einsamkeit in der Großstadt; Hektik und Hetze: „Hab' keine Zeit…"; „Schnell weg da, weg da, weg…" Abgase, Lärm und Gestank in den Straßen; enge Wohnungen, vor allem im Hochhaus – das geht einem auf den Geist. Aber auch die Menschenmassen, die Überfüllung nervt. Dieser *Dichte-Stress* ist wohl sogar angeboren. Man findet ihn auch bei Tieren, wenn sie zu wenig Platz für sich haben und zudem noch dauernd auf fremde Tiere stoßen.

4. *Natur / Lebensraum:* Verschmutzung von Luft, Wasser, Boden, Pflanzen, Nahrung. Verschandelung der Landschaft durch Autobahnen, Industrieanlagen, Müllhalden etc. Auch das mobilisiert Wut. Einmal, weil unsere Gesundheit bedroht wird. Zweitens wirken bestimmte Umweltgifte sogar direkt auf das Nervensystem und erzeugen Gereiztheit. Außerdem frustriert es natürlich (!), dass die schöne Natur als Quelle von Freude und Entspannung, zerstört wird. Allerdings kann auch die Natur selbst in vielfacher Weise zum Ärgernis werden: durch Krankheitserreger oder unliebsame größere und große Tiere, durch Naturkatastrophen. Und – nicht zu vergessen – das Wetter!

5. *Beruf:* Oft ist man heute zu einseitiger, entfremdeter Arbeit gezwungen, ödes Tippen im Büro oder monotone Fließbandarbeit. Der PC hat die Arbeitswelt um einen ganz neuen Ärgerfaktor bereichert. Viele sitzen den ganzen Tag auf ihrem Bürostuhl. Andere stehen unter enormem Leistungsruck. Und doch ist jeder froh, der Arbeit hat, denn Arbeitslosigkeit frustriert noch mehr.

6. *Freizeit:* Hier wäre der Platz für den notwendigen körperlichen Ausgleich. Aber viele schauen lieber als „Fernsehsportler" zu. Oder auf dem Sportplatz, wo sie sich wie verrückt aufregen,

so dass die ansteckende Aggressivität zur *Massenpsychose* entarten kann. Andere betreiben Kampfsport, was wohl auch eher Zorn auf- als abbaut. Bei Ausflügen in die Restnatur ärgert man sich in endlosen Staus. Rast man danach in einen Unfall, muss man froh sein, wenn man sich überhaupt noch ärgern kann. Schließlich: Alkohol, Zigaretten, Drogen – auch die machen auf Dauer „stressig".

7. *Familie/Kontakt:* Ist wenigstens die Familie noch ein Hort ungetrübter Freude? Kaum. Der Mensch ist biologisch darauf eingestellt, in einer Großgruppe von etwa 20–30 Artgenossen zu leben. Weder in der isolierten Kleinfamilie, aber erst recht nicht als Single, geht es ihm allzu rosig. Frauen werden durch den Konflikt Kinder – Haushalt – Beruf genervt. Männer wollen eine Mitverdienerin, ärgern sich aber über deren Emanzipation. Kommt es aber zur Trennung und Scheidung, kochen die Aggressionen im „Rosenkrieg" erst richtig hoch.

Überhaupt sind Kontakte ein Hauptgrund von Zorn: durch Liebesentzug, durch Kritik und Gegenkritik, Fallenstellen, *neurotische Spiele*, Heimlichkeiten und Gemeinheiten u.v.m. Das gilt privat, beruflich (Bürointrigen!) und … „Es kann der Frömmste nicht in Frieden leben, wenn es dem bösen Nachbarn nicht gefällt" (Schiller).

8. *Übersinnliches:* Hier sind ganz verschiedene *esoterische* bzw. *okkultistische* Faktoren zu nennen. Diese sind zwar bis heute nicht wissenschaftlich bewiesen, werden aber von vielen Menschen sehr ernst genommen: *schlechte Sterne.* Die Stern- bzw. Planetenkonstellationen bei der Geburt (Horoskop), aber auch zu bestimmten Zeiten, sollen Einfluss auf die eigene Aggression haben (z.B. Widder-Charakter) oder auf Ärgernisse, die einen heimsuchen. Verhexung, Magie oder Bann sollen einem angeblich ein ärgerliches Missgeschick oder direkt eine Verdüsterung des Gemüts schicken. Aber auch Erdstrahlen, Poltergeister, schwarze Katzen u.v.m. sollen laut Aberglauben Ärger ins Haus bringen. (Eine genaue Analyse des Esoterischen gebe ich in meinem Buch: „Esoterik, die Welt des Geheimen", letzte Ausgabe Dassermann Verlag 1996).

# 3. Die ärgerliche Gesellschaft

*Der Zorn gehört wohl zu den größten Sünden,*
*doch ist kein Mensch, der nie gezürnt, zu finden.*
Shakespeare

Die Zweideutigkeit ist gewollt. Denn die Gesellschaft erzeugt nicht nur (wie beschrieben) einige Wut, sondern ihr Umgang mit Ärger ist oft ärgerlich und schafft so zusätzlichen Zorn. Außerdem ärgert man sich aber in unserer Gesellschaft ziemlich viel, jedenfalls mehr, als offen zugegeben wird.

Und warum bekennt man sich nicht mehr zu seinem Ärger? Weil der keinen besonders guten Ruf bei uns genießt. Wut, das klingt nach *Unbeherrschtheit*, Konflikten, Störungen, Scherereien – und die liebt man nicht. „Reg dich nicht künstlich auf", sagt man, und drückt damit aus, dass der Ärger unberechtigt ist. Es sind verschiedene Normen, mit denen Zorn kollidiert:

– *Beherrschtheit:* Bei den Alten heißt das *Disziplin*, bei den Jungen *Coolness*. Aber in schöner Eintracht verurteilen es viele, wenn einer aus der Haut fährt.

– *Friedlichkeit:* Harmonie ist gefragt, auch dies nicht nur bei ordentlichen Bürgern, sondern ebenso z. B. in der jugendlichen Generation, die Sanftheit und Weichheit fordert.

Auch im Zitatenschatz findet sich überwiegend Negatives über Wut und Zorn. „Wut muss man bekämpfen", verlangt König Richard bei Shakespeare. „Der Zorn ist ein kurzer Wahnsinn", schilt der römische Dichter Horaz. Und noch schärfer Johann Gottfried Herder: „Zähle dich nicht zu den Menschen, solange Zorn dich empöret! Nur in der Ruhe gedeihet, Menschheit, des Menschen Verstand."

Ruhe ist und bleibt die *erste Bürgerpflicht*. „Unruhestifter", „Störenfriede", die an unserer heilen Heimat herummäkeln, gelten schnell als Nestbeschmutzer. In der Tat gibt es manche „Geister, die stets verneinen", die mit einem *Negativ-Prinzip* wenig Gutes an diesem unserem Lande lassen. Nur ist die überzogene Aggressivität oft die Reaktion auf eine zudeckende, unechte Harmonisierung.

Aber es gibt für unsere Gesellschaft nicht nur den *hässlichen Ärger*. In bestimmten Lebensbereichen wird (besondere) Aggressivität gebraucht und auch – bewusst oder unbewusst – gewünscht und gefördert. So benötigen Soldaten natürlich eine gewisse Aggressionsbereitschaft. Aber man muss sich auch im Arbeits- und Berufsleben oft gegen andere behaupten und durchsetzen: Konkurrenz, Wettbewerb, Karriere, Erfolg – alles ist ohne ein gerüttelt Maß an Kampfgeist in unserer *Leistungsgesellschaft* kaum möglich. Überhaupt scheint mit der geforderten Friedfertigkeit meistens mehr die des anderen gemeint zu sein. „Der Klügere gibt nach", sagt man. Aber der wirklich Clevere glaubt das nicht und tut es schon gar nicht. Er will es nur seinem Kontrahenten einreden, um selbst zu siegen.

Die Hauptarena für Ärger und Aggression ist aber bei uns der *Sport*. Da darf gewütet werden, nicht nur von den Aktiven, sondern auch von den Zuschauern. Das gilt im Grunde für jeden Sportwettkampf, besonders aber für Fußball und natürlich reine Kampfsportarten wie Boxen und Catchen. Doch auch hier wird kaum jemand ganz offen zugeben, dass ihm das Zusehen ein *aggressives* Vergnügen bereitet.

Nicht zu vergessen natürlich Film, Fernsehen, Videos: Auch schon früher freuten sich die Zuschauer, wenn der einsame Rächer den Schurken endlich zur Strecke brachte. Aber das war doch sehr viel harmloser als die Gewalttätigkeiten eines Rambo. Und diese werden noch weit übertroffen von der unglaublichen Brutalität der Horror-Videos und Monster-Filme. Besonders problematisch ist, wenn in solchen Filmen Aggressivität als *erfolgreiche Problemlösungsmethode* vorgestellt und Gewalt verherrlicht wird – das kann zur Nachahmung animieren. Aber auch schon die „spekulative Gewalt" als Spannungs- und Unterhaltungselement in normalen Spielfilmen halten manche Psychologen für schädlich.

Andererseits bekämpft die Gesellschaft bestimmte Formen von Aggressivität wie Gewalttaten und *Kriminalität* – und muss das auch. Nur reagiert man oft schon auf eine harmlose Ruhestörung, auf eine nützlich-demokratische Unruhe (z. B. eine Demonstration) als „Erregung öffentlichen Ärgernisses". Und das auch noch mit Überreaktionen, durch die Konflikte eskaliert werden.

Insgesamt herrscht bei uns ein eher heuchlerischer Umgang mit Wut und Gewalt. Und diese *Scheinheiligkeit* ist schädlich: Jeder hat irgendwann Aggressionen, wenn es sie nicht verdrängt oder in sich hineinfrisst; aber oft wird so getan, als dürfe ein anständiger Mensch Derartiges nicht empfinden. So drängt man die Aggressivität in den Untergrund, in uns selbst (ins Unbewusste) und in der Gesamtgesellschaft (in Subkulturen). Dadurch wird aber gerade die offene Auseinandersetzung mit Wut und Wehren verunmöglicht. „Friede, Freude, Eierkuchen" ist keine Alternative.

Diese Aussagen gelten zuerst für die deutsche Gesellschaft, vergleichbar aber auch für Westeuropa und die USA. In fremden Kulturen findet man teilweise andere Einschätzungen von Ärger und Aggression sowie andere Reaktionen darauf. Aber letztlich muss jede Gesellschaft, jeder Staat damit zurechtkommen, Aggression in Grenzen zu halten, ohne sie völlig abzuwürgen.

## Braves Kind – gutes Kind

Schon von Geburt an geht es los: Brav und artig soll das Kind sein. Nur ruhige Kinder sind gute Kinder. Gelobt sei, was still macht. Mamas kleiner Liebling hat heute wieder gar nicht geschrieen. Glücklicherweise gelingt es trotz all dieser Einflüsse meistens nicht, dem Kind seine natürliche Lebendigkeit und Neugier, die nun einmal mit Unruhe verbunden sind, auszutreiben. Noch nicht. Das zeigt sich im so genannten *Trotzalter*, wenn sich das Kindchen „so furchtbar bockig und trotzköpfig" verhält.

Aber auch wenn manche Eltern ihre Kinder wie kleine Tyrannen, kleine Monster, die sie „auffressen" wollen, erleben, die Kinder sind letztlich ohnmächtig. Und wenn man sie immer wieder zurechtstutzt und demütigt, kann es zu schweren *Störungen des Selbstwertgefühls* kommen. Aber was wird nicht alles getan, um das Böckchen zu vertreiben! Für viele Eltern ist es ein regelrechter Machtkampf. Im Extrem wird dem Kind „das Rückgrat gebrochen", es zieht sich ganz zurück, wagt nicht mehr, auf die Welt zuzugehen.

Sicherlich ist die Erziehung heute insgesamt liberaler geworden. Aber manchmal hat sich auch nur die Art der Unterdrückung geändert. „Das Ende der Kindheit" (Niel Postman) zeigt sich einmal daran, dass die Kinder in den Städten mit ihrem Massenverkehr nur noch wenig Platz zum Spielen und Austoben finden. Aber sie werden auch – vor allem durch das Fernsehen – zu früh in die Erwachsenenwelt miteinbezogen, so dass der kindliche Freiraum eines unbefangenen Lebens verloren geht.

Das führt besonders zu Konflikten, wenn die Kinder älter werden. Einerseits soll der Heranwachsende Erwachsenenpflichten übernehmen, andererseits heißt es: „Dazu bist du noch zu klein." Stichwort *Pubertät*. „Flegeljahre", „die Jugendlichen sind unausstehlich" – und manche Eltern denken an die Geschichte vom bösen Friederich, dem argen Wüterich, und wären wohl froh, wenn sich, wie dort beschrieben, ein bissiger Hund der Erziehung ihres missratenen Sprösslings annehmen würde.

Die Pubertät scheint (wie auch das Trotzalter) nur teilweise eine Naturgegebenheit. Sicher, die heranwachsenden Kinder müssen lernen, sich gegen ihre Eltern abzugrenzen, sich von ihnen zu lösen, um dann später eigene Wege zu gehen. Doch das Ausmaß der Konflikte – der Zank und Zorn – ist mehr dadurch bedingt, dass die Jugendlichen sich gegen zu starke Fremdbestimmung wehren.

Aber haben die jungen Leute heute denn nicht alle Freiheiten? Geht es denen nicht viel zu gut? Sind die nicht nur deswegen so aggressiv, weil sie zu verwöhnt sind, sich nichts mehr selbst erarbeiten müssen? Gilt also die These: Überfluss erzeugt Verdruss?

Sicher ist da etwas dran. Manche Youngsters zeigen in der Tat ein irritierendes Anspruchsdenken. Und dem sollte man auch nicht nachgeben. Andererseits man muss tiefer gucken. Die Jugendlichen bekommen zwar viele Wünsche befriedigt, aber es ist meistens Ersatzbefriedigung bzw. Befriedigung von Ersatzbedürfnissen. Was man ihnen an Zuwendung, Zärtlichkeit und Zeit nicht geben kann oder will, das wird stattdessen in materiellen Gütern gegeben. So bleibt der Frust, der Nullbock, und der führt dann leicht zu Zoff und Randale, „trouble" oder „Terror": Hinter vielen, sehr aggressiv klingenden Jugendsprüchen steht im Grunde Traurigkeit, Angst, ein Hilferuf: „Macht kaputt, was euch kaputtmacht!"; „Wer sich nicht wehrt, lebt verkehrt!" Und natürlich erst recht das trostlose „No future!"

Sicherlich muss sich die Gesellschaft gegen wachsende *Jugendaggressivität und -kriminalität* zur Wehr setzen. Aber es bleibt immer zu fragen: Warum verhalten sich die jungen Leute so? Welche Rolle spielen die Lebensbedingungen, besonders Lehrstellenmangel und Arbeitslosigkeit? Und: Ist der Jugendliche nicht oft nur der „Symptomträger" der Gesellschaft? Drückt er nur die Aggressivität der ganzen Gesellschaft am offensten aus?

Abschließend hierzu: Vor allem die Therapeutin Alice Miller hat auf die „soziale Vererbung" von Gewalt aufmerksam gemacht. Konkret: Kinder, die geschlagen werden, schlagen als Erwachsene häufig ihre eigenen Kinder. Und so geht das weiter. Dabei trifft es vor allem die (körperlich) Schwachen: Gewalt gegen Frauen und Gewalt gegen Kinder. Das gilt auch für die sexuelle Gewalt – Vergewaltigung und Missbrauch. „Und bist du nicht willig, so brauch ich Gewalt ..."

## Die zornigen jungen Männer und Frauen

Manch einer ist ein artiges Kind gewesen, ein angepasster Jugendlicher, und erst als junger Erwachsener wird er zum Protestler: Was lange gärt, wird endlich Wut. Das gilt besonders für Frauen. Denn wenn auch die kleinen Jungen zur *Wutunterdrückung* erzogen werden, so die Mädchen doch sehr viel mehr. Bei einem Jungen toleriert man ein „unartiges, freches, ungezogenes" Verhalten eher, aber ein süßes, niedliches Mädchen muss einfach „lieb" sein (dafür darf es weinen). Das ist zwar heute nicht mehr so krass wie früher, aber noch deutlich genug.

Und wie die kleinen Mädchen, so die großen Frauen. Sie dürfen alles sein – nur nicht aggressiv. Schon in Shakespeares „Der Widerspenstigen Zähmung" heißt es:

*Ein zorniges Weib ist gleich getrübter Quelle, unrein und sumpfig, ohne Schönheit:*

*Und ist sie so, wird keiner, noch so durstig, sie würdigen, einen Tropfen draus zu schlürfen.*

Von daher hat gerade die *Emanzipations-* und *Frauenbewegung* die Frauen aufgefordert, ihren Zorn zu befreien und auszudrücken, zu lernen, sich zu behaupten und zu wehren. Nicht mehr nur brave Hausfrau oder gute Mutter sein, sondern auch für ihre eigene Selbstverwirklichung sorgen. Bei aller Berechtigung dieser Forderung, manche Frauen erliegen dabei der Gefahr, vom einen Extrem ins andere umzuschlagen: vom Harmonie- zum Konflikt-Verhalten, von der Anpassung zur Aggressivität. Zum einen wird dabei nur das männliche Fehlverhalten nachgeahmt, es kommt zu einem weiblichen Chauvinismus. Zum anderen hat sich eine besondere Form weiblicher Aggressivität herausgebildet, früher als *Emanze*, heute eher, gerade bei jungen Frauen, als *Zicke*, *Biest*, *Luder* oder *Girlie*. Mit diesen Namen werden sie in den Boulevardmedien mehr gefeiert als kritisiert. Und auch viele Männer finden das sexy und anmachend, obwohl sie als Ehefrau immer noch lieber eine freundliche und „pflegeleichte" Partnerin haben wollen.

So wie viele junge Frauen ihre traditionelle Rolle abgelegt haben, so auch manche Männer: Stichwort *Softie*. Und hier zeigt sich ein Paradoxon. Moderne Frauen fordern den „neuen Mann": sanft, verständnisvoll, tolerant. Aber verlieben tun sie sich oft – wider willen – doch in einen Macho oder Chauvi, der starke „bad boy" wirkt anziehender als der „good guy". Und bei den männlichen Kumpanen hat ein softer Hausmann ohnehin nicht viel zu lachen: Er wird als *Schattenparker*, *Warmduscher* oder – interessanterweise – auch als *Frauenversteher* lächerlich gemacht. Wahrscheinlich spielt uns hier die Biologie einen Streich. Die Geschlechterrollen haben eben auch eine genetische Komponente, die sich nicht einfach ablegen lässt.

Generell kann man bei den jungen Leuten hauptsächlich drei Gruppen unterscheiden, die ein unterschiedliches Verhältnis zur Aggression haben:

Erstens, die *politischen:* Früher waren das die 68er, die gegen die Gesellschaft, den Staat, Amerika usw. protestierten, wobei der Staat – in einem *Generationenkonflikt* – oft nur das Symbol für den autoritären Vater war. Heute dominiert hier die Öko-Bewegung, mit Anti-Atomkraft-Bewegung, Gentechnikgegnern und den Tierrechtlern. Das Problem bei diesen Gruppen ist, dass eine oft berechtigte Gesellschaftskritik in Gewalt und sogar Terrorismus umkippen kann. Außerdem gibt es neben den linken zunehmend auch rechte Gruppen, die gerade den starken Staat wollen und sich aggressiv vor allem gegen Ausländer abgrenzen.

Zweitens die *spirituellen:* Früher waren es die Hippies und Blumenkinder, die zwar zunächst nicht unpolitisch waren („make love, not war"), sich dann aber immer mehr in die Innerlichkeit zurückzogen, in Meditation und Nirvana das Seelenheil suchten. Heute sind es unpolitische Naturfreunde („Müslis") sowie Anhänger von New Age und Esoterik.

Drittens die *konsumorientierten:* Diese heute dominante Gruppe interessiert sich weder sonderlich für Politik noch für Spiritualität. Im Vordergrund steht zum einen die narzisstische *Inszenierung des eigenen Ich.* Bewundert zu werden, ein Star zu sein, ist das Ziel. Damit verbunden ist das Prinzip „Spaß": Ständig auf „Party" zu sein ist ein Muss in der angesagten *Spaßgesellschaft,* einer Ich-Gesellschaft, in der die Solidarität weit zurückgegangen ist. Auch die Auseinandersetzung mit dem Vater hat an Brisanz verloren. Die heutigen Väter sind nicht mehr die starken, autoritären Personen der früheren Jahre. Es gibt heute viele liberale, aber auch schwächere Väter und Männer. Im Fernsehen werden handzahme Männer wie Willi Tanner aus „Alf" oder Al Bundy aus „Eine schrecklich nette Familie" geradezu als Witzfiguren lächerlich gemacht. Aber man findet auch bei dieser Gruppe eine zunehmende Aggressivität, Schlägereien auf dem Schulhof, Einsatz von Waffen, sexuelle Nötigung, vor allem Arten der Geldbeschaffung.

Abschließend: Hier zeigt sich wieder das *Doppelgesicht der Wut:* Sie führt zu positiven gesellschaftlichen Veränderungen, aber sie kann auch umkippen in Gewalt oder egoistisch instrumentalisiert werden. Andererseits fehlt ohne Wut oft Motivation und Power, etwas zum Positiven verändern.

## Aggressionen gegen Minderheiten

Am ehesten richten sich Aggressionen der Gesellschaft gegen *Minderheiten,* klein(er)e Gruppen oder auch Einzelpersonen, die in ihrem Aussehen, ihrem Verhalten und ihren Meinungen von der Mehrheit abweichen. Das sind Jugendgruppen wie Punker; es können Kranke und Behinderte sein, obwohl in diesem Fall die Aggressivität meist unterschwellig bleibt; am stärksten sind aber *Ausländer* betroffen, die Gastarbeiter, doch heute vor allem die Asylanten und Aussiedler.

Für dieses Verhalten gibt es eine *biologische Vorprägung:* Auch Tiere reagieren auf Fremde bzw. Außenseiter häufig aggressiv, wobei die Angst vor dem Andersartigen eine Rolle spielt. Bei uns Menschen ist die Feindseligkeit gegen „Abweichler" aber kulturell überformt durch Vorurteile wie „Die Ausländer nehmen uns die Arbeit weg" oder Rationalisierungen: „Unsere Wut ist berechtigt, weil die uns ja die Arbeit wegnehmen."

Auch bei anderen aggressiven Verhaltensweisen des Menschen gibt es Einflüsse unserer tierischen Vorfahren, z. B. bei dem *Rivalisieren* um einen hohen Rang oder die Führung in der *Hackordnung.* Solche biologischen Programmierungen können und müssen zwar kulturell vermindert oder überwunden werden, aber es nützt nichts, sie einfach abzuleugnen.

Häufig werden Fremde zum *Sündenbock* gestempelt. Erstens ist man dann selbst fein raus – die anderen sind ja an allem schuld. Zweitens dient diese Aggression gegen andere dazu, die eigene brüchige Gemeinschaft zu stärken, was bei der Entstehung vieler Diktaturen – so auch des Nazi-Systems – eine traurige Rolle gespielt hat.

Wenn aber eine im Grunde friedliche Gruppe unter Druck gesetzt wird, kann sie sich ihrerseits feindlich gegen die Gesellschaft wenden, zur „kleinen, radikalen Minderheit" werden. Je mehr man sie stigmatisiert („mein Gott, sind die aggressiv") oder sie mit selbsterfüllenden Prophezeiungen („die werden bestimmt wieder Krawall machen") provoziert, um so eher wird man Ärger kriegen. *Wer Wind sät, wird Sturm ernten.* Oft bleibt dann bestenfalls ein beziehungsloses Nebeneinanderherleben von Mehrheit und Minderheit, von Einheimischen und Fremden. Damit wird aber ein gutes Verhältnis, das sich durch ein näheres Kennenlernen und Verstehen ergeben könnte, umso unwahrscheinlicher.

Zwar leben immer mehr Ausländer bei uns in Deutschland, es gibt multi-kulturelle Wohngegenden. Aber eine höhere Akzeptanz oder Integration ist kaum erreicht worden, und es gibt immer wieder Wellen der Angst vor „Überfremdung":

## Die Angst vor der wilden Natur

Wut steht auch für *Wildheit*, für die *wilde Natur*. Wir zivilisierten Menschen haben ein zwiespältiges Verhältnis dazu. Einerseits bewundern wir zwar das Ungebändigte – die kraftvolle Wildkatze, die schäumende Brandung, den stürmischen Wind –, andererseits ängstigt uns die Wildheit auch. So hat der Mensch versucht, die Natur zu zähmen: Er hat die wilden Mustangs zugeritten, Flüsse begradigt, letztlich sogar die Atomkräfte gebändigt. Dabei ging es ihm nicht nur darum, die Naturkraft zu besiegen, sondern auch sie nutzbar zu machen, was schließlich in die Technologie mündete.

Ähnlich ist der Mensch mit der *Wildheit in sich*, der *Natur in sich* verfahren, d. h. mit Trieben, Gefühlen, Sexualität sowie Aggressivität. Auch die hat er – durch Zivilisation und Kultur – zu kontrollieren und zu funktionalisieren versucht, z. B. für Arbeit und Leistung verfügbar zu machen. Dabei besteht ein inniger Zusammenhang: Wenn der Mensch ein wildes Tier zähmt, dann zähmt er (symbolisch) auch das Tier in sich selbst. Wenn er einen wilden Stamm, ein Naturvolk zivilisiert, bestätigt er sich damit die eigene Dressur.

Aber ist es nicht notwendig, die äußere und innere Natur durch Zivilisation – um uns und in uns – zu regieren? Hierzu gibt es vereinfacht gesagt zwei Theorien:

- *Theorie von der guten Natur*
  Für die einen ist das Wilde, die Natur, das Gute, so auch der *edle Wilde* bei dem französischen Philosophen Jean Jacques Rousseau. „Wild" bedeutet dabei nicht aggressiv, sondern nur ungezähmt. Ja man meint, dass der „wilde" Mensch gerade friedlich ist und nur im Notfall aggressiv reagiert. Dagegen gilt die zivilisierte, technische Welt als negativ, „verdorben" und schädlich für den Menschen. Sie entfremde ihn von sich selbst, seinen Gefühlen und seinem Körper, verführe ihn zur Zerstörung der Natur, zwinge ihm ein unnatürliches Leben mit Stress und Hektik auf. Erst der Zivilisationsstress sowie die Unterdrückung von natürlichen Gefühlen und Sexualität mache den Menschen gewalttätig.

- *Theorie von der bösen Natur*
  Für die anderen ist es umgekehrt: Die Natur ist das Böse,
  Aggressive, das es zu beherrschen gilt. Entsprechend müssen
  wir den „wilden Mann", die „wilde Frau" in uns unterdrücken. Im Extrem galt das Natürliche – Körperliche – Sexuelle
  als sündig, als des Teufels. Wir haben die Welt und uns zu
  zivilisieren, damit Vernunft, Zucht und Ordnung herrschen.
  Erst in der technischen Welt, befreit von den Zwängen der
  Natur, kann der Mensch gemäß seinem wahren Wesen leben,
  er kann die Aggressivität überwinden und sich weiterentwi-
  ckeln.

Die Wahrheit liegt wohl zwischen diesen beiden Extremen: Es
gibt in der Natur Aggressivität und Friedfertigkeit – wobei sich
die Natur nicht mit menschlich-moralischen Begriffen wie „gut"
und „böse" bewerten lässt. Ähnlich gibt es unter den Naturvölkern eher friedliebende (wie die berühmten Trobriander) und
mehr kämpferische. Auf keinen Fall ist die Natur aber ein Hort
des Friedens, und ein totales „Zurück zur Natur" könnte uns
heutige Menschen somit nicht von unserer Aggression und unserem Zorn befreien.

Andererseits hat die Zivilisation und kulturelle Entwicklung
in manchen Bereichen nicht nur zu einem komfortableren, sondern auch zu einem friedlicheren Leben geführt. Es gibt heute
Menschenrechte, Schutz für Minderheiten, Gleichberechtigung
der Geschlechter und andere Rechte, die von Staat, Justiz
bzw. Polizei kontrolliert werden. Allerdings hat die übertriebene
Unterdrückung von natürlichen Bedürfnissen in Verbindung
mit neuen technischen Möglichkeiten der Waffenproduktion zu
Weltkriegen und Völkermord in einem Ausmaß geführt, wie es
bei Naturvölkern bzw. vor der industriellen Revolution nicht
vorkam.

Häufig liest man die Forderung einer *Integration von Natur
und Technik*, wie ich sie früher auch befürwortet habe. Die neueren Forschungen der Biologie, insbesondere der *Sozialbiologie*
und *Genetik*, haben jedoch gezeigt, dass die Natur prinzipiell auf
Konkurrenz, Rangordnung, Kampf und auch Aggression auf-
baut, was in der „Nahrungskette", dem Fressen und Gefressen-

werden, seinen grausamen Höhepunkt findet. Es gibt zwar auch soziales Verhalten in der Natur, nämlich Zusammenleben, Partnerschaft oder Symbiose, aber es handelt sich dabei letztlich um Phänomene des *Egoismus*. Das Soziale hat die Funktion, die eigenen Überlebenschancen bzw. die Verbreitung der eigenen Gene zu fördern.

Wenn man früher glaubte, *Arterhaltung* sei das zentrale Element in der Natur, so gilt heute *Selbsterhaltung* und *genetische Expansion* als zentral. Der Biologe Richard Dawkins spricht vom „Egoismus der Gene", die letztlich das Handeln bestimmen. So gesehen, ist die Natur in sich ein unsolidarisches und undemokratisches System. Diese Sicht läuft zwar einer heute verbreiteten Idealisierung und *Romantisierung der Natur* entgegen. Aber wir erkennen nicht spontan, was in der Natur vorgeht. Wenn wir eine blühende Wiese sehen, halten wir das für den Inbegriff einer friedlichen Idylle. In Wahrheit ist es ein Schlachtfeld, wo Pflanzen mit Giften gegeneinander und gegen Fressfeinde kämpfen.

Sicherlich muss der heutige Mensch sehen, dass er in einem gewissen *Gleichgewicht* mit der *äußeren Natur* lebt und vor allem mit seiner *inneren Natur*, seinen angeborenen Trieben und Emotionen. Gerade aggressive Bedürfnisse radikal zu unterdrücken und zu verleugnen, ist mit Sicherheit keine Lösung, führt zu um so gefährlicherer destruktiver Aggression. Andererseits bleibt es die gesellschaftliche Aufgabe, diese naturgegebenen Triebe kulturell zu kontrollieren, zu überformen und letztlich auch zu überwinden. Dass es durch die ganze Menschheitsgeschichte, offensichtlich in allen Kulturen, im Kleinen wie im Großen Aggression und Krieg gegeben hat, zeigt, dass es sich hier um eine unbewältigte Aufgabe handelt.

Auf lange Sicht wird die Menschheit das Aggressionsproblem nur lösen können, wenn sie sich von der Natur emanzipiert, dabei die biologische Evolution durch eine technische und zugleich geistig-spirituelle Weiterentwicklung überschreitet. Dies habe ich in meinem Buch „Abschied von der Natur" (Metropolitan Verlag 1997) beschrieben.

# 4. Wut tut gut – oder macht krank

*Ach, der Zorn verderbt die Besten.*
Friedrich Schiller

*Wer nie im Zorn erglühte, kennt auch die Liebe nicht.*
Ernst Moritz Arndt

Ist Wut gut oder schlecht, gesund oder schädlich, nützlich oder nutzlos? Die Meinungen gehen wie gesagt auseinander, und nicht nur die von Arndt und Schiller. Wut ruft aber auch gemischte Gefühle hervor, wie sehr schön ein Zitat des Schriftstellers Karl Peltzer veranschaulicht: *Der Choleriker ist das Salz in der Suppe, die sich der Schöpfer eingebrockt hat.*

*Vorteile von Ärger, Wut oder Zorn:* Ärger ist eine *Kraft*, ein Antrieb, der uns hilft, gegen Behinderungen, Störungen und Probleme vorzugehen. Wut macht uns stark, für Selbstverwirklichung zu kämpfen. Zorn sorgt dafür, dass wir nicht gleichgültig oder unverbindlich auf Ungerechtigkeit reagieren, sondern für uns und andere einstehen.

Und die Lösung eines Problems muss ja keineswegs in einer Zerstörung *(destruktiver Ärger)* bestehen, sondern es kann ebenso zu einem Neuaufbau oder Wiederaufbau *(konstruktiver Ärger)* kommen. Wenn Ihnen jemand Ihre Sandburg kaputtmacht, können Sie ihn wütend mit Sand beschmeißen, oder – mit einem „jetzt erst recht" – eine neue, sogar schönere bauen. Es gibt also eine „gute Aggressivität" (Erich Fromm).

Noch allgemeiner kann man unter *„Aggression"* im Sinne des lateinischen Verbs *„aggredi"* einfach ein Heranschreiten, sich Nähern, sich Hinwenden verstehen, bei dem noch ganz offen steht, ob es freundlich oder feindlich ist. Aggression bedeutet so betrachtet ganz *neutral* eine gerichtete Bewegung, eine gezielte Aktivität. Und: „Es gibt doch nichts Gutes, außer man tut es."

Zorn hat aber auch mit *Leidenschaft* und Wildheit zu tun, wie es das obige Zitat von Arndt über die *Verbindung Liebe und Zorn* ausdrückt. Hier ist allerdings wohl für manchen schon der

Übergang zu den Negativseiten von Wut erreicht, denn das ungestüme Gefühl, der Wechsel und Hass ja *„Leiden schafft"*. Trotzdem: Ohne Zweifel kann das Rauslassen und Raustoben von Wut nicht nur lustvoll, sondern auch befreiend und gesund sein – eine *Katharsis*, eine Gefühlsreinigung.

Man braucht Aggressivität, wäre sonst gar nicht lebensfähig. Im Grunde ist jedes Zerlegen, jedes Auseinandernehmen aggressiv, schon wenn Sie z. B. einen Holzklotz zerhauen, die Nahrung in ihrem Mund zerkauen oder einen Gedanken im Kopf analysieren. Beim Fressen oder Gefressenwerden in der Natur überlebt nur, wer kämpft. Ähnlich muss unser Immunsystem Fremdstoffe und Bakterien vernichten, sonst müssten wir sterben. Aggression hat sich in der Evolution herausgebildet als ein Verhalten, welches das Überleben fördert.

Ebenso brauchen wir psychisch eine gewisse Aggression, um uns abzugrenzen. Wir brauchen ein *Abwehrverhalten,* das uns hilft, seelisch im Gleichgewicht zu bleiben oder es wiederzufinden, unsere Selbstidentität aufrechtzuerhalten. Wir brauchen *Ich-Grenzen*, damit unser Ich nicht von der Umwelt überrannt oder aufgesogen wird. Indem man sich gegen etwas stellt, spürt man „Widerstand"; etwas widersteht einem. Diese *Widerstandserfahrung* lässt mich unterscheiden: Hier bin ich, dort ist etwas anderes. Indem ich mich an etwas stoße, reibe, werde ich auf mich zurückgeworfen, finde mich selbst.

*Nachteile von Ärger & Co.:* Ärger ärgert, das ist das erste. Wer wütend ist, erlebt ja keineswegs immer *Lust*, sondern meistens nur *Frust*. Und je schlimmer, je ohnmächtiger er ist, desto weniger kann er sich wehren. Am schlimmsten ist es, wenn man seinen Zorn nicht mal äußern darf, sondern schlucken muss.

Zeigt man aber seine Wut, dann ärgert und verärgert das leicht andere. Ein Wort gibt das andere, zornige Blicke kreuzen sich, früher auch Säbel, und schon ist der Streit im Gange. Da gibt es dann oft eine Automatik, eine Eigendynamik der gegenseitigen Ärgerei, die schwer noch aufzuhalten ist. Schlimmstenfalls führt das zu Gewalttätigkeiten, endlosen Auseinandersetzungen, die sich – wie bei der Blutrache – über Generationen hinziehen können.

Zuviel Grimm schadet sicherlich. Bei manchem ist der Zorn zur *Lieblingsreaktion* geworden, ja zur Sucht – *Ärgersucht* oder *Rachsucht* –, ist so generalisiert, dass dieser Wüterich sich über (fast) alles aufregt, sogar darüber, dass er mal gar keinen Grund zum Ärgern findet. Man kann von einem „generalisierten Ärgersyndrom" sprechen. Es gibt einen krankhaften, neurotischen oder gar psychotischen Zorn, wenn jemand sich regelrecht „tollwütig" oder „tobsüchtig" verhält. Wie heißt es bei Horaz: *Der Zorn ist ein kurzer Wahnsinn.*

So betrachtet ist Aggressivität sehr ungesund, für einen selbst und andere. Und von daher erstaunt es nicht, dass der Ärger eher ein schlechtes Image hat. Es überwiegen deutlich die negativen Bemerkungen in Sprichwörtern und altehrwürdigen Aussprüchen, z. B.:

– *Sobald der Mensch in Zorn gerät, gerät er in Irrtum.* (Talmud)
– *Nimmer hat die Wut sich gut verteidigt.* (Shakespeare)
– *Der Zorn ist immer schädlicher als die Beleidigung, die ihn hervorrief.* (Aus China)

## POSITIVE UND NEGATIVE SEITEN VON ZORN

|  | Positiver Zorn | Negativer Zorn |
|---|---|---|
| Ich | macht selbstbewusst | macht selbstgerecht (Arroganz) |
| Energie | gibt Kraft | raubt Kraft (sich vor Ärger verzehren) |
| Lust | fördert Zufriedenheit | mindert Zufriedenheit (Verbitterung) |
| Gesundheit | steigert Gesundheit | schädigt Gesundheit (sich krank ärgern) |
| Kontakt | belebt Beziehungen | zerstört Beziehungen (Gewalt, Hass) |
| Leistung | erhöht Leistung | senkt Leistung (Perfektionismus) |
| Moral | bewirkt Gerechtigkeit | verhindert Gerechtigkeit (Fanatismus) |

Es gibt also einen positiven und einen negativen Zorn, einen *heiligen* Zorn und einen *heillosen* Zorn. Positiver Zorn ist ein Abwehr- oder Verteidigungsgefühl, ein Befreiungsgefühl, ein Antrieb, vor allem für Selbstentfaltung. Negativ ist der Zorn, wenn er dazu missbraucht wird, berechtigte Gefühle bei sich oder anderen zu unterdrücken, wenn er ritualisiert ist, perfektionistisch, sinnlos, unkontrolliert, gewalttätig oder sich gegen uns selbst wendet (Autoaggression).

Negativ ist aber auch der *unechte, übernommene* Zorn: Wenn z. B. ein Kind nur wütend ist, weil es seinen wütenden Vater nachahmt, weil es stellvertretend für seine unterwürfige Mutter (oder sogar für ein schon verstorbenes Familienmitglied) wütend sein muss oder weil man ihm in der Familie diese Rolle des Wüterichs zuschreibt, um es dann als Sündenbock und schwarzes Schaf attackieren zu können.

## Konflikt-Menschen und Harmonie-Menschen

Ganz allgemein gibt es zwei Ärgertypen: die *Konflikt-Menschen*, das sind die ärgerlichen, und die *Harmonie-Menschen*, das sind die – vermeintlich – friedfertigen. Die Konflikt-Menschen geraten schnell mit den Mitmenschen oder überhaupt mit der Welt in *Konflikt*, die Harmonie-Menschen leben meistens in *Harmonie*, wenn auch oft nur in Pseudo-Harmonie.

Der Psychologe Daniel Casriel spricht von „*Ablehnern*" und „*Annehmern*", weil die Ablehner eben (zu) vieles *ablehnen* bzw. abwehren und die Annehmer (zu) vieles *annehmen* bzw. hinnehmen.

Man kann auch unterscheiden zwischen *Nein-Sager* und *Ja-Sager* (wobei ich das nicht abwertend meine). Immer geht es um den gleichen Gegensatz.

Ich verwende in diesem Buch gleichbedeutend vor allem folgende Begriffe:

1. *Konflikt-Mensch = Ablehner = Nein-Sager*
2. *Harmonie-Mensch = Annehmer = Ja-Sager*

Die *Ablehner* zeigen (meistens) offen ihren Ärger, mehr als genug. Gefühle von Angst oder seelischem Schmerz drängen sie dagegen weg. Ablehner sind ungeduldig, oft reizbar, auf Vorwärtskommen, Erfolg, Leistung programmiert. Hindernisse gehen sie aggressiv an, bei Angriffen schlagen sie zurück. Überlegenheit, Kampf, Sieg sind Schlüsselworte für sie. Erfolg zu haben und bewundert zu werden sind ihnen höchste Befriedigungsgefühle.

Der Konflikt-Mensch erlebt seine Identität dadurch, dass er sich von anderen Menschen und der Welt *abgrenzt* und *„nein sagt".* Er reibt sich gewissermaßen an der Welt und fühlt in dieser Reibung sein Ich. Er sieht sich als Individuum, das zwar mit anderen Kontakte eingehen kann, aber immer ein Einzelner bleibt.

Die *Grundeinstellung* des Konflikt-Typs ist: *Ich bin o.k., du bist nicht o.k.* Er hält sich für stärker und/oder besser als andere Menschen. Er sieht sich als überlegen an, als Führungspersönlichkeit. Andere Menschen sind für ihn nicht o.k., das heißt nicht notwendig schlecht, aber unterlegen. Oder es sind Rivalen, die es zu attackieren und zu besiegen gilt.

*Strikte* Ablehner suchen selbstgerecht die Fehler immer bei anderen. *Gemäßigte* Ablehner sind auch selbstkritisch, ärgern sich nicht nur über andere, sondern auch über sich selbst.

*Z.B. Peter, 33, im Vertrieb einer Computerfirma. Peter arbeitet sehr viel. Er ist hart zu sich, aber auch zu anderen. Er weiß, dass er sich nur durch permanenten Kampf behaupten kann. Peter lässt sich nichts gefallen, er steckt nicht ein, lieber teilt er doppelt aus. Eine große Befriedigung erlebt er, wenn er in seinem BMW die Autobahn „aufräumt". Wenn er erst Vertriebsleiter ist, wird er sich einen Porsche leisten, natürlich getunt.*

*Annehmer* sind dagegen freundlichere Zeitgenossen. Es können lustige oder auch stille Wesen sein, jedenfalls keine solchen Zornnickel. Ärger verspüren sie nicht oder sie äußern ihn jedenfalls nicht, dagegen sind Angst und Traurigkeit ihnen vertraut. Sie sind normalerweise passiver als die Ablehner, doch gibt es auch unter ihnen rastlos tätige. Denen geht es dann aber nicht um Sieg in einer Konkurrenz, sondern um Zuneigung, dass man sie mag. Immer haben sie Angst vor Liebesentzug.

Der Harmonie-Mensch erlebt seine Identität gerade in der Verbindung zu anderen Menschen und der Welt. Im Eingebettetsein fühlt er sich eins. Er ist froh, wenn er *ja* sagen kann, wenn er sich „reibungslos" integrieren kann.

Die *Grundeinstellung* des Harmonie-Typs ist eher: *Ich bin nicht o.k., du bist o.k.* Er hält sich für schwächer als andere Menschen, manchmal auch für schlechter. Andere Menschen bewundert er, fürchtet sie aber auch.

*Strikte* Annehmer empfinden gar keine Wut. Sondern Wutgefühle, wie sie zu unserer psychischen Natur gehören, sind bei ihnen völlig verdrängt. *Gemäßigte* Annehmer empfinden zwar gelegentlich Gefühle wie Ärger und Zorn, schlucken sie aber runter. Sie trauen sich nicht, ihren Zorn zu äußern oder gar lautstark rauszulassen.

*Z.B. Rita, 28, Sekretärin. Rita wird von allen Kollegen geschätzt, weil sie immer so freundlich ist. Nur manchmal hört sie Kritik, sie wäre zu still. Aber Rita zeigt keinen Ärger über diesen Vorwurf – sie nimmt an, um angenommen zu werden. Sie weiß, wie schwer es heute ist, eine gute Stellung zu bekommen, da muss man sich eben anpassen. Streit führt doch ohnehin zu nichts.*

Woran liegt es, ob Menschen (eher) zu Ablehnern oder zu Annehmern werden?

Sicherlich spielt auch die *genetische Veranlagung* eine Rolle. Es gibt ein angeborenes *Temperament*, dass jemand eher zum Kämpfen oder zum Anpassen bzw. Flüchten geneigt macht. Auch die *Geburtserfahrung* soll einen Einfluss haben.

Entscheidend wirkt sich die Erziehung aus. *Ablehner* haben – als Kind – die Erfahrung gemacht bzw. (unbewusst) die Entscheidung getroffen, dass der *Preis für Zuwendung zu hoch* ist, etwa völlige Selbstaufgabe. Sie versuchen, stark und unabhängig zu werden, verdrängen den erlittenen Schmerz und das Bedürfnis nach Liebe und Anlehnung. Insofern ist ihr Zorn oft gar nicht echt, sondern eigentlich ein gezieltes oder unbewusstes Wegdrängen von Schmerz und Angst. Wenn sie scheitern oder keine Kraft zum Kämpfen mehr haben, neigen sie zu verbittertem Rückzug – können aber auch in ein Annehmerverhalten umkippen.

*Annehmer* haben sich dagegen in der Kindheit (unbewusst) dafür entschieden, *jeden Preis für Zuwendung zu zahlen,* weil sie sich nur so überlebensfähig fühlen. Sie passen sich an, flüchten vor Konflikten, verdrängen dabei ihr Bedürfnis nach Selbstentfaltung und ihre Wut gegen die Unterdrückung. Denn sie haben zuviel Angst, abgelehnt und verlassen zu werden. Insofern sind das Weinen und die Tränen eines Annehmers oft „falsch", sie decken nur seinen Zorn zu. Scheitert sein Kampf um Liebe, so versinkt er häufig in einer Depression.

## ABLEHNER UND ANNEHMER

| | ABLEHNER (Konflikt-Typ) | ANNEHMER (Harmonie-Typ) |
|---|---|---|
| – Grundstruktur | Ablehnung, Konflikt | Annehmen, Harmonie |
| – Negativ-Gefühl | Ärger, Niederlage, Hass | Angst, Traurigkeit |
| – Positiv-Gefühl | Siegesfreude, Freiheit | Anerkennung, Geborgenheit |
| – Bedürfnis | nach Überlegenheit | nach Liebe, Sicherheit |
| – Einstellung | ich bin o.k., du bist nicht o.k. | ich bin nicht o.k., du bist o.k. |
| | ich schaffe es selbst | ich brauche die anderen |
| – Verhalten | Kampf, Führung | Anpassung, Flucht |
| – Ursache | Preis für Liebe war zu hoch | Preis für Freiheit war zu hoch |
| – Geschlecht | meistens Männer | meistens Frauen |
| – Polarität | Yang | Yin |

Wir haben bisher zwei *Grundtypen* kennen gelernt: den konflikt-orientierten Nein-Sager (Ablehner) und den harmonie-orientierten Ja-Sager (Annehmer). Dabei habe ich nicht zufällig als Beispiel für den Ablehner einen Mann (Peter) vorgestellt und als Beispiel für den Annehmer bzw. die Annehmerin eine Frau (Rita). Denn Männer sind wesentlich häufiger „Verneiner" und Frauen andererseits „Bejaher". Das ist sicher großenteils anerzogen, aber es dürfte dabei auch die Anlage eine Rolle spielen.

Sehr häufig bilden sich *Beziehungen zwischen Ablehnern und Annehmern*, gerade Paarbeziehungen, nach dem Motto: „Gegensätze ziehen sich an." Der Ablehner ist der, der überwiegend Entscheidungen trifft, Unternehmungen initiiert, aber eben auch leichter kritisiert und attackiert. Der Annehmer ist meistens passiver und passt sich an, er sorgt aber dafür mehr für Gemüt und Gemütlichkeit, zeigt sich versöhnlich im Streit. Wie gesagt, übernimmt häufiger der Mann den Ablehner-Part. Aber heute gibt es schon in vielen Paaren einen Rollenwechsel: er der softe Hausmann, sie steht ihren „Mann" in der harten Berufswelt.

Man könnte eine solche Beziehung als ganz ideal ansehen, als wunderbare *Ergänzung*. Nur, in so einer asymmetrischen Partnerschaft bleiben beide gewissermaßen *unvollständig*. Der Ablehner kann zwar Stärke und Zorn ausdrücken, unterdrückt aber seine weichen Seiten. Der Annehmer bringt zwar Liebe und Angst ein, aber nicht seine vitalen, aggressiven Anteile. Man ergänzt sich zwar ganz gut, aber auf Kosten einer Unreife von beiden. Der Ablehner verharrt in einem *primären Narzissmus*, er lässt sich als den Überlegenen bewundern, als grandioses Selbst. Der Annehmer bleibt in einem *sekundären Narzissmus* stecken, er idealisiert oft den starken Partner, nimmt ihn wahr als eine Art Über-Vater oder Über-Mutter.

Außerdem sind die Gefühle zueinander ambivalent: Der Ablehner will und braucht zwar einen Partner, der sich anpasst, lehnt dessen „Schwäche" aber andererseits ab, wie er sie ja auch bei sich selbst unterdrückt. Der Annehmer wünscht und sucht einerseits einen „starken Beschützer", leidet aber unter dessen Aggressivität.

Doch Ablehner und Annehmer sind auch eng miteinander verwandt. Beide sind seelisch verletzt, beide leiden im tiefsten Inneren unter seelischem *Urschmerz*. Und beide verdrängen diesen tiefsten Schmerz. Zwar empfindet der Annehmer häufig Trauer und zeigt Tränen, aber dies reicht normalerweise nicht in die Tiefe des Urschmerzes. Letztlich steckt in jedem Ablehner auch ein Stück Annehmer und umgekehrt. Und der Annehmer kämpft oft genauso wie der Ablehner. Nur der Ablehner kämpft um Erfolg und Überlegenheit, der Annehmer kämpft um Anerkennung und Sicherheit.

Diese Ausführungen zeigen also, dass man keine starren Typen aufstellen kann. Man muss unterscheiden zwischen dem inneren (unbewussten) und äußeren (bewussten) Menschen. Überhaupt gibt es nur Mischtypen, niemand ist hundert Prozent Ablehner oder Annehmer. Und natürlich lassen sich auch Untertypen nennen, von denen ich die wichtigsten nachfolgend beschreiben werde.

## Was für ein Wut-Typ sind Sie?

Wir haben bisher zwei Grundtypen kennen gelernt, den Ablehner (den „Viel-Ärgerer") und den Annehmer (den „Ärger-Schlucker"). In diesem Abschnitt wollen wir uns mit Untertypen dieser Grundtypen beschäftigen.

UNTERTYPEN VON ABLEHNER UND ANNEHMER

*1. Ablehner (Konflikt-Mensch / Nein-Sager)*
• Choleriker
• Kritiker
• Aufgeber
*2. Annehmer (Harmonie-Mensch / Ja-Sager)*
• Helfer
• Schwärmer
• Depressiver.

1. *Ablehner*
Dieser hat wie gesagt die Grundeinstellung: Ich bin o.k., du bist nicht o.k. In seinem tiefsten Inneren fühlt er sich zwar klein und verletzt. Aber er hat gelernt, dieses Gefühl wegzudrängen, umzudrehen. Die Kritik, die er in der Kindheit einstecken musste, gibt er jetzt zurück. Er macht andere kleiner, um sich selbst größer zu fühlen. Als Untertypen unterscheide ich: *Choleriker, Kritiker* und *Aufgeber*.

- *Choleriker*
  Der steht ständig unter Dampf, immer gleich auf 180. Ein Don Quichotte, der gemäß seinem Leitspruch *Viel Feind, viel Ehr* permanent gegen (imaginäre) Gegner kämpft. Zeitweilig scheint er ruhig – Ruhe vor dem Sturm –, um dann plötzlich im Jähzorn zu *explodieren*. Die Varianten reichen vom Brummbär, Murrkopf, Dickschädel bis zum Krakeler und Berserker. „Hunde, die bellen, beißen nicht?" Verlassen Sie sich lieber nicht darauf – und fragen ihn bloß nicht: „Heute schon geärgert?" Die Stärke des Cholerikers ist, dass sein Zorn schnell wieder verraucht und er nicht nachtragend ist. Zur Ehrenrettung sei auch das Sprichwort genannt: „Jähzornige Leute sind treue Leute."

- *Kritiker*
  Der Kritiker ist „ein Geist, der stets verneint". Er sieht an allem zuerst oder ausschließlich das *Negative*. Und hat an allem etwas auszusetzen, nichts ist ihm recht zu machen. Ewig klagt er an, weckt Schuldgefühle. Dabei leidet der Kritiker selbst an seiner Frustriertheit, seinem Pessimismus. Seine Stärke ist, dass er uns vor Selbstzufriedenheit und illusionärem Positiv-Denken warnt.
  Ein typischer Vertreter ist der *Nörgler*, über den Wilhelm Busch zu sagen weiß: „Nörgeln ist das Allerschlimmste, keiner ist davon erbaut; keiner fährt, und wär's der Dümmste, gern aus seiner werten Haut."
  Ein wichtiger Typ ist auch der *Zyniker*: Der wirkt kühl bis (eis)kalt. Seine Haupt-Angriffsmethode ist beißender, verletzender Spott: Zynismus, Sarkasmus. Dahinter steht jedoch im Grunde ein verletzter Mensch.

- *Aufgeber*
  Der Aufgeber hat den Kampf um Erfolg und Sieg aufgegeben. Das „Ich bin o.k." ist umgekippt, er sieht nicht nur andere, sondern auch sich selbst als nicht o.k., jedenfalls als ohnmächtig. Er ist chronisch verbittert, lehnt sich selbst und alles andere ab. Eine zerstörerische Haltung, die im Extremfall zu völliger Apathie oder aber Gewalthandlungen wie Suizid oder Mord führen kann. Jedenfalls zu einer Selbstaufgabe, einer „inneren Kündigung" dem Leben gegenüber.

## 2. Annehmer

Der Annehmer hat die Grundeinstellung: Ich bin nicht o.k., du bist o.k. Im Gegensatz zum Ablehner hat er die – in der Kindheit erfahrene – Kritik verinnerlicht. Er hat ein stark ausgeprägtes Über-Ich, das ihn (wie ein innerer Gegner) laufend runterputzt. Sein Zorn ist verdrängt bzw. normalerweise nach innen gerichtet. Oder der Zorn ist nur verheimlicht, dann macht der Annehmer aus seinem Herzen eine „Mördergrube". Wehe, wenn diese Wut mal explodiert ... Untertypen sind *Helfer*, *Schwärmer* und *Depressiver*.

- *Helfer*
  Der Helfer bzw. die Helferin – denn meistens handelt es sich um Frauen – ist immer lieb und nett, freundlich lächelnd, hilfsbereit, alles verstehend und verzeihend. Man spricht vom *Helfer-Syndrom*. Es kann sich auch um einen Clown halten, der alle Menschen unterhält, oder einen Organisator, der den anderen die Arbeit abnimmt. Immer sind es Menschen, die versuchen, dadurch Anerkennung zu erhalten, dass sie sich für andere nützlich machen. Der Helfer schluckt seinen Ärger runter, weil er Angst hat, sonst abgelehnt zu werden. Nur wenn sein Opfer gar nicht anerkannt wird, wenn er auf pure Undankbarkeit stößt, kann er ausrasten. Positiv ist, dass der Helfer wirklich anderen Menschen Gutes tut.

- *Schwärmer*
  Auch hier überwiegen die Frauen, der Typ des schüchternen, hilflosen Frauchens, das für ihren großartigen Partner schwärmt und sich an eine starke Schulter anlehnen möchte. Für ein kleines Mädchen kann das angemessen sein, aber kaum für eine erwachsene Frau oder gar einen Mann. Zwar hat eine solche Person ihren Charme. Aggression scheint einem solchen zarten Wesen völlig fremd zu sein. Allerdings kann die Schwärmerin ihre Hilflosigkeit auch gezielt einsetzen, um andere zu manipulieren. Und wenn das Schwärmen irgendwann einmal umkippt ... dann wird das Heimchen zur Furie.

- *Depressiver*
  Der Depressive oder Melancholiker ist ein stiller, ruhiger, resignierter, manchmal wie gelähmter Mensch. Unter Kritik

blockiert er völlig. Häufig macht er sich selbst fertig, ist voller Schuldgefühle, bestraft sich selbst. Aber hinter der Selbstanklage steht – wohlverborgen – die Klage gegen die anderen. Und *stille Wasser sind tief.* Wenn die gegen sich selbst gerichtete Aggression des Depressiven nach außen dringt, kann sich eine erschreckende Härte zeigen. Dies beschrieb schon der griechische Dichter Euripides: „Jähzornige Frauenzimmer, gleich wie Männer auch, sind weniger schlimm als stille Wasser, welche tief."

In welchem Typ erkennen Sie sich – mehr oder weniger – wieder? Wenn Sie behaupten, Sie wären über jede Bewertung von o.k. oder nicht o.k. erhaben und seien nie aggressiv, dann sind Sie entweder ein erleuchteter Meister oder ein Meister der Selbsttäuschung.

### Die Verbindung von Aggression und Harmonie

Ist es besser, ein Nein-Sager oder ein Ja-Sager zu sein? Da ist sie wieder, die Gretchenfrage nach den Sinn und Unsinn von Zorn. Aber wir haben ja schon gelernt, dass wir so nicht fragen dürfen. Oder jedenfalls keine Entweder-oder-Antwort geben können. Denn sowohl der Ablehner wie der Annehmer haben Vor- und Nachteile.

Das Ziel der persönlichen Entwicklung muss sein, die *Stärken* von Ablehner und Annehmer zu verbinden, aber deren *Schwächen* möglichst zu überwinden. Wir dürfen kein Alles-oder-nichts-Gesetz aufstellen, sondern die Lösung heißt: *Ein bisschen Frieden … ein bisschen Ärger.* Genauer: Wir sollten nicht nörgelnden Ärger und ängstliche Angepasstheit (Schwächen) kombinieren, sondern positiven gerechten Zorn und Friedfertigkeit (Stärken).

Schon die alte chinesische Weisheitslehre, der *Taoismus,* lehrt: Die Welt zeigt sich in zwei Polaritäten, zwei Gegensätzen, dem *Yin* und dem *Yang.* Yin ist das „weibliche" Prinzip, es steht für Verbindung, Aufnahme, Kooperation, Gefühl und Intuition. Yang ist das „männliche" Prinzip. Es steht für Abgrenzung, Eindringen,

Konkurrenz, Verstand und Rationalität. Erst durch die Verbindung, die Er-gänzung von Yin und Yang entsteht die *Ganzheit*.

Für uns heißt das: Erst wenn Aggression (Yang) und Sanftheit (Yin) zusammenkommen, erst durch die Verbindung vor Ich-Behauptung und Wir-Solidarität, von Durchsetzen und Nachgeben, ist der Mensch ganzheitlich. Zu viel Yang führt zu einem harten, feindseligen, hektischen, erstarrten und „verkopften" Verhalten. Aber zu viel Yin bedeutet ein weichliches, nachgiebiges, apathisches, zerfließendes und irrationales Verhalten.

Wir können hier *Parallelen zum Biologischen* ziehen: Der Körper verfügt über ein Immunsystem, mit dem er schädliche Stoffe oder Erreger abwehrt. Diese körpereigene Abwehr arbeitet sinnvoll, wenn sie das und nur das bekämpft, was uns schädigt. Nun gibt es zwei Fehlermöglichkeiten: Erstens, es liegt eine *Immunschwäche* vor, wie z.B. bei AIDS, der Körper wehrt zu wenig ab. Oder zweitens, der Körper hat eine überschießende Abwehr, wie bei der *Allergie*. Dann schießt unser Immunsystem mit Kanonen auf Spatzen, es attackiert die ganz harmlosen Pollen.

Auch für unsere psychische Abwehr, die *Ärgerabwehr*, gilt, dass sie dann gute Arbeit leistet, wenn sie uns nicht schutzlos jeder Kränkung preisgibt, aber auch nicht mit Dauerfeuer alles unter Beschuss nimmt, was nur von Ferne wie ein Gegner aussieht. Wir können nicht mit allem in Symbiose und vollständiger Harmonie leben. Ebenso können wir seelisch nicht nur Grenzen, Mauern und Zäune errichten, sondern müssen mit unseren Mitmenschen, überhaupt mit der Mitwelt zurechtkommen.

Es geht also darum, das rechte Maß, die *goldene Mitte* zu finden. Dabei muss die goldene Mitte zwischen pro und contra, Yin und Yang, nicht ein ständiges *Gleichmaß* sein, sondern kann auch einen dynamischen *Ausgleich* bedeuten: Auf Ärger folgt Freude, bis wieder eine neue Verstimmung eintritt etc. etc. Allerdings darf man das nicht zu schematisch sehen. Heute wird oft ein vollkommenes – und damit steriles –Gleichgewicht von Yin und Yang gefordert, für alle Menschen. Das ist aber weder realistisch noch wünschenswert, denn so wird man den unterschiedlichen Persönlichkeiten und Lebensumständen nicht gerecht. In meinem Buch „Esoterik – die Welt des Geheimen" habe ich deshalb den Begriff der *Meta-Ganzheit* eingeführt. Damit meine ich eine *flexible* Ergänzung von Yin und Yang, bei der die beiden Pole mal gleichgewichtig sind und mal der eine (das Ablehnen) oder der andere (das Annehmen) überwiegen, je nachdem, wie es dem individuellen Menschen und der Lebenssituation angemessen ist.

Das Ideal ist der *integrative bzw. integrierte Mensch.* Dieser idealtypische Mensch ist psychisch gänzlich gesund. Er ist *ausgeglichen* bzw. gleicht aus zwischen Yin und Yang, ich und wir, Selbstbehauptung und Hingabe. Deshalb könnte man ihn *„Ausgleicher"* nennen in Anlehnung an Ablehner und Annehmer. Seine Grundeinstellung lautet: „Ich bin o.k., du bist o.k." Mit „du" ist der Mitmensch, letztlich aber die ganze Welt gemeint. Dennoch äußert der integrative Mensch auch Kritik, nur möglichst in humorvoller Weise. Allerdings kann er durchaus zornig werden, dann aber offen und nicht destruktiv. Wegen seiner hohen Frustrationstoleranz ist er aber meist gut drauf.

## Psychosomatik: Wenn einer sich krank ärgert

(Falsches) Ärgern – über längere Zeit – kann körperlich krank machen. Hier greife ich auf den Punkt „Der zornige Körper" im 1. Kapitel zurück. Erinnern Sie sich? Zorn kann als eine Art von *Stress* verstanden werden.

Zorn ist zunächst mit einer *Erregung* des Sympathikus-Nervs verbunden. Bei starker Wut wird der *Sympathikus* aktiviert mit schnellem Puls, hohem Blutdruck, beschleunigter Atmung und ähnlichen Folgen. Bleibt die Wut (zu) lange bestehen, kommt es aber zur *Erschöpfung,* in welcher der Gegenspieler, der *Parasympathikus-Nerv,* zu stark überwiegt. Diese Phase ist mit einem schwachen Puls, Blutdruckabfall u.ä. verbunden.

Genau das ist beim *Ablehner* der Fall. Er kämpft, regt sich ständig und anhaltend über neue Behinderungen oder Kränkungen auf. Einen Teil dieser Probleme wird er vielleicht lösen können, aber es bleiben genug andere ungelöste. Negativ ist auch, dass man heute in den meisten Ärger-Situationen die Wut nicht rausschreien oder körperlich abreagieren kann, was die Belastung mildern würde. Der Ablehner kämpft meistens so lange, wie die Kraft reicht. Dann fällt er in eine Erschöpfung, weil er sich überfordert hat.

So kann es zu *psychosomatischen Störungen* kommen. Und zwar in der *Kampf-Phase* (Vorherrschen des Sympathikus) zu Störungen wie Bluthochdruck, Herzrasen, Kopf- und Rückenschmerzen durch Muskelverspannungen. In der parasympathischen *Erschöpfungs-Phase* sind dagegen Störungen wie niedriger Blutdruck, Atemnot und Darmbeschwerden möglich.

Sowie der Ablehner nur ein bisschen Kraft geschöpft hat, ärgert er sich weiter über alte, ungelöste oder neue Probleme. Dadurch gerät er in einen Zustand von wechselnder oder gleichzeitiger Erregung und Erschöpfung, wobei auch gemischte sympathische und parasympathische Störungen auftreten, gerne *„vegetative Dystonie"* genannt.

Der *Annehmer* ist aber nicht besser dran. Denn nicht nur das ständige Ärgern, sondern ebenso die *Unterdrückung von Ärger* – die Wut im Bauch, die sich nicht entlädt – führt zu einer sympathischen Erregung. Außerdem führt die *Angst* des Annehmers zu einer entsprechenden Erregung. Und natürlich kennt der Annehmer auch den Zustand der Erschöpfung. So kommt es beim Annehmer zu vergleichbaren Erkrankungen wie beim Ablehner.

Es gibt allerdings unter den Annehmern auch solche, die auf Stress anders reagieren: nicht mit Angst bzw. Flucht, sondern mit *Schreck, Lähmung, Blockade,* was parasympathische Zustände sind (die aber von der Erschöpfung unterschieden werden müssen). Diese Menschen sind sprachlos vor Wut oder Angst, wie erstarrt. Bei ihnen kommt es gar nicht zu Wut (Kampf-Impuls) oder Angst (Flucht-Impuls). Sie haben daher auch besonders ausgeprägte parasympathische Störungen wie Blutdruckabfall oder Asthma. Ihnen müsste man geradezu 3 x täglich Ärgern verschreiben, sie können sich wirklich gesund ärgern, weil der Zorn ihren Sympathikus anregen würde.

Fassen wir die wichtigsten Reaktionsmuster auf Ärger-Stress zusammen:

• Erregung (Wut oder Angst): Steigerung von Blutdruck und Puls

- Erschöpfung (Depression, Bitterkeit): niedriger Blutdruck, niedriger Puls
- Schock (erstarrt vor Wut oder Angst): starker Blutdruckabfall, starke Pulssenkung.

Dauernder Ärger-Stress ist auch deswegen besonders schädlich, weil er die *Immunabwehr* des Körpers gegen Krankheiten schwächt. Darüber hinaus gibt es so genannte *Autoaggressionskrankheiten*, bei denen das Immunsystem den eigenen Körper angreift wie einen Gegner oder Fremdkörper. Das kommt bei verschiedenen Rheumaformen, Darmstörungen, Hautkrankheiten u. a. vor. Auch hier kann man fragen, ob diese körperliche Selbstaggression zusammenhängt mit einer seelischen Aggression gegen sich selbst, dem Selbsthass. Einem Hass, den man nicht mehr nach außen ableiten kann und der sich daher gegen einen selbst, gegen den eigenen Körper richtet, sich in einer körperlichen Krankheit „somatisiert". Die Sprache drückt viele Zusammenhänge von Wut und Körperstörungen in Redewendungen aus:

## ÄRGER UND PSYCHOSOMATISCHE STÖRUNGEN IN REDENSARTEN

| Organsystem/ Funktion | Ärger-Redensart (bzw. Störung) |
|---|---|
| 1. Verdauung | Gift und Galle spucken |
| | Die Wut in sich hineinfressen |
| | Sich ein Loch in den Bauch ärgern |
| | Sauer sein / Verbittert sein |
| | Etwas stößt einem auf |
| | Etwas liegt einem schwer im Magen |
| | Etwas nicht schlucken können |
| | Etwas hängt einem zum Halse raus |
| | Verbissen sein |
| 2. Nieren | Etwas geht an die Nieren |
| | Darauf pissen |

| Organsystem/ Funktion | Ärger-Redensart (bzw. Störung) |
|---|---|
| 3. Kopf | Es im Kopf nicht aushalten<br>Vor Wut platzen |
| 4. Nacken | Hartnäckig, halsstarrig<br>Den Kopf steif halten |
| 5. Nase | Die Nase voll haben<br>Verschnupft sein |
| 6. Stimme | Ihm bleibt die Stimme weg<br>Er ist heiser vor Wut, verstimmt |

Die komplizierten Beziehungen zwischen Ärger und Krankheit sind noch keineswegs vollständig geklärt, und verschiedene Theorien machen widersprüchliche Aussagen darüber. Fest steht aber, dass sowohl ein ständiges Ärgern wie auch eine Unterdrückung von Ärger uns körperlich schädigt.

# Vom Ärger zur Lebensfreude –
# Von der Anpassung zur Ich-Stärke

Ich hoffe, Sie haben inzwischen eine recht klare Vorstellung davon, was Ärger ist, wie er entsteht, wann er nützt oder schadet und welche Rolle er in unserer Gesellschaft spielt. Dabei klang auch schon vielfach an, wie man sinnvoll mit seiner Wut und Frustration umgeht. Aber jetzt zur Praxis:

In diesem Teil geht es darum:

1. Wie genervte *Konflikt-Menschen* lernen, sich weniger zu ärgern und gelassener zu werden: Wie verhütet oder heilt man Zorn? Wie wird man friedlicher? Junge Leute würden sagen: Wie wird man cooler?

   Im Einzelnen: Wie überwindet der *Choleriker* seine Wut, der *Kritiker* seine Verbitterung und der *Aufgeber* seine Autoaggression?

2. Wie angepasste *Harmonie-Menschen* lernen, ihren Ärger nicht mehr zu schlucken, sondern zu äußern. Wie benutzt man und vor allem frau den Zorn dazu, sich durchzusetzen und seine/ihre Persönlichkeit zu entfalten?

   Im Einzelnen: Wie befreit sich der *Helfer* von seinen Schuldgefühlen, der *Schwärmer* von seiner Angst und der *Depressive* von seiner Niedergeschlagenheit?

Wie beschrieben, sind immer noch mehr *Frauen* Harmonie-Menschen und mehr *Männer* Konflikt-Menschen. Also müssen vor allem Männer lernen, friedlicher zu werden, und Frauen, selbstbewusster zu werden. Es gibt aber nicht nur die von Ute Erhardt so genannten „guten Mädchen", die allzu zahmen und braven „Weibchen". Es gibt auch „brave Buben", die zu „bösen Buben" werden müssten, um sich besser zu behaupten, angepasste brave Jungs, die neu lernen müssen, sich gegen Frauenpower zu behaupten. Der „dressierte Mann" ist immer noch oder wieder neu ein Thema. Und es gibt immer mehr im positiven Sinn selbstbewusste Frauen, die sich auch zu ihrem Zorn bekennen. Allerdings hat der Zeitgeist auch einen negativ-aggressiven

Frauen-Typ hervorgebracht, die narzisstische Frau, die ihre Mitmenschen für den eigenen narzisstischen Gewinn ausbeutet. Das kann sicher nicht das Lernziel sein.

Ein Skeptiker mag fragen: Kann man das „richtige" Ärgern denn überhaupt *aus einem Buch lernen?* Sicher nicht allein und schon gar nicht durch reines Lesen. Sondern Sie müssen die im Folgenden geschilderten Methoden ausprobieren, manchmal üben, versuchen, sie in Ihren Alltag zu integrieren. Es ist noch kein Ärger-Meister vom Himmel gefallen – *Wuttraining bzw. Anti-Wut-Training* ist angesagt. Nicht jede Methode ist in jeder Situation anwendbar. Und nicht jede Strategie passt zu jedem. Sie müssen selbst herausfinden, welche Ärgertechnik zu Ihnen passt. Und natürlich auch, wieweit Sie sich ändern können und wollen, wieweit Sie in der Lage sind, sich auf etwas Neues, Ungewohntes einzulassen, was manchmal erst Anstrengung und Überwindung kostet.

Allerdings wird Ihnen hier ein reiches Spektrum aus verschiedenen psychologischen Richtungen und Psychotherapien geboten: *Verhaltenstherapie, Kognitive Therapie, Tiefenpsychologie, Humanistische Therapien* wie die *Gesprächstherapie, Entspannungstherapien* und viele weitere. Sie haben die Auswahl.

Die meisten *Anti-Frust-Methoden* lassen sich alleine, ohne fremde Hilfe anwenden. Manche Methoden, z. B. das intensive Fühlen und Raustoben unterdrückten Zorns, sind als *Selbstbehandlung* nur in gewissen Grenzen möglich; man sollte sie besser mit einem Freund oder Partner oder aber einem Psychotherapeuten durchzuführen.

Falls Sie in einer Psychotherapie sind, können Sie die Methoden des Buches (nach Absprache mit dem Therapeuten) zur Ergänzung nutzen. Mein Buch könnte auch jemand anregen, eine Therapie zu beginnen, und mag dann als Information über unterschiedliche therapeutische Methoden dienen. Aber natürlich braucht nicht jeder, der sich zu viel (oder zu wenig) ärgert, gleich eine Therapie.

· Dieser II. Teil ist natürlich besonders wichtig für die Leser, die sich selbst zu viel ärgern oder aber ihren Ärger schlucken.

Aber es geht zusätzlich darum, *auf die Verletztheit und Verärgerung anderer sinnvoller zu reagieren,* natürlich auch, indem man sich nicht sinnlos darüber erzürnt – wobei wir wieder bei unserem höchsteigenen Ärger gelandet wären.

Man könnte folgende Hauptziele unseres Ärger-Programms formulieren:

• *Lernziel für Ablehner: Vom Ärger zur Lebensfreude*
Das erste Ziel für den Ablehner ist: *weniger* ärgern, sich nicht ständig aufregen über die vielen kleinen Probleme und Problemchen; sich nicht unsinnig entrüsten und erregen über die Misshelligkeiten und Missgeschicke, Schwierigkeiten und Scherereien, die der Alltag nun einmal mit sich bringt; sich vor allem nicht chronisch verbittern und verbiestern über die Ungerechtigkeiten und Kränkungen des Lebens; und natürlich erst recht nicht dauernd explodieren, ausflippen und in seinem Jähzorn vielleicht andere verletzen.

Das gilt in erster Linie für Hitz- und Brauseköpfe, Streithähne und Streithammel, Paschas und Haustyrannen oder auch Xanthippen. Aber es gilt auch für den *Otto Normalärgerer,* der im Auto schneller mit dem Finger auf der Hupe (oder am Kopf) als mit dem Fuß auf der Bremse ist; für die „neue Frau", die sich persönlich beleidigt fühlt, wenn ein stürmischer Wind ihre frisch gestylte Modefrisur durcheinander wirbelt und viele andere Ärgerkünstler.

Hier soll mehr *Gelassenheit* oder auch *Ausgelassenheit* einkehren, mehr *Gelöstheit* und *Gelockertheit.* Nicht aus einer Mücke einen Elefanten und aus einem Elefanten einen Walfisch machen. Sondern die Dinge relativieren. Unterscheiden lernen, wo der Zorn „lohnt"; wann ein Protest angemessen ist. Und schließlich sich immer mehr vom Ärger befreien und dafür der Lebensfreude öffnen.

Allerdings gelingt es nicht immer und schon gar nicht sofort, den Ärger loszuwerden; dann heißt es: *sich besser ärgern* oder „schöner ärgern". Soll heißen, sich so ärgern, dass man daraus keinen Schaden, vielleicht sogar Nutzen hat.

- *Lernziel für Annehmer: Von der Anpassung zur Ich-Stärke*

Wir haben gesehen, dass der Ablehner lernen muss, sich *weniger* zu ärgern bzw. sich konstruktiver zu ärgern. Was ist nun mit dem Annehmer – müsste der lernen, sich *mehr* zu ärgern anstatt weniger? Ja und nein. Aber auf kürzere Sicht ist es für den Annehmer in der Tat wichtig, erst einmal wieder zu lernen, wie man sich ärgert und seinen Ärger ausdrückt. Auf lange Sicht kann „mehr ärgern" kein Ziel sein, denn Ärger ist nun mal normalerweise ein Unlustgefühl, das an sich betrachtet keinen besonderen Wert beinhaltet. Es bleibt also bei dem Ziel weniger ärgern, auch für den Annehmer. Wenn er im neu gefundenen Ärgerrausch stecken bleibt, hat er oder sie nur eine Fehlhaltung durch eine andere ersetzt, z.B. statt braven Weibchens nun zänkische „Hexe".

Hier unterscheidet man aber doch besser zwischen *negativer* und *positiver* Aggressivität. Wichtig für aggressionsgehemmte Menschen ist, weniger *unlustvollen und ohnmächtigen Ärger* zu spüren, sondern *lustvolle und machtvolle Wut,* und noch wichtiger: neuen Antrieb, Aktivität, Agilität. Dabei muss der Annehmer nicht in erster Linie neuen Zorn entwickeln, sondern seinen *verdrängten* Zorn wahrnehmen und äußern. Er soll die „Unfähigkeit zu zürnen" überwinden, sich „gesund ärgern". Und vor allem hat er zu lernen, sich zu wehren, zu behaupten, seine Rechte wahrzunehmen und durchzusetzen. *Ärger allein genügt nicht.*

Gerade beim Annehmer muss man bei der Veränderung seines Wutverhaltens von einer *Entwicklung* in mehreren Stufen ausgehen. Nachdem das Aggressionspendel bei ihm zu stark in Richtung sanft, sacht und samtig ausgeschlagen hat, muss es oft zunächst kräftig auf die Seite hitzig, feurig, explosiv rüberschlagen, um sich dann in der Mitte auszupendeln. Der direkte Weg zur goldenen Mitte gelingt meist nicht.

- *Gemeinsames Lernziel*:

Letztlich und langfristig gilt für Ablehner und Annehmer dasselbe Ziel, nur die Wege sind unterschiedlich (wie das auf einer Abbildung in der Einleitung gezeigt wurde). Es soll ein Ausgleich zwischen Zorn und Liebe, zwischen Selbstbehauptung und Integration erreicht werden. Hier ist dauerhaft eine Mitte, ein Ausgleich zwischen den Polen Yin und Yang erwünscht: Wer zu wenig Power hat, soll hochschalten, wer „überpowert" ist, soll runterschalten. Damit ist natürlich auch wieder die *konstruktive* Aggression angesprochen, die Abgrenzung des eigenen Ichs, das sich Durchsetzen, nicht *destruktive* Aggressivität. Das Power-Yang soll mit dem Soft-Yin verheiratet werden, damit sie eine *Ganzheit* bilden. Nicht schematisch, dass jedes Verhalten genau 50 % Yin und 50 % Yang enthält, sondern mehr wie eine Welle, dass mal mehr Yang und mal mehr Yin dominiert, aber normalerweise ohne zu große Ausschläge, also kein Wechsel vom einen Extrem ins andere.

YIN + YANG = GANZHEIT

Im I. Teil wurden verschiedene *Ursachen* von Zorn sowie Unterdrückung von Zorn bzw. Ängstlichkeit genannt. Einerseits die *Umwelt*, andererseits das eigene *Ich*, welches von *Erbgut*, *Körper* und *Vergangenheit* beeinflusst ist. Dabei wird von der *Täter-Theorie* das eigene Ich als Ursache betont und dieses Ich als voll verantwortlicher „Täter" angesehen. Die *Opfer-Theorie* hält dagegen die Umwelt für maßgeblich und sieht das Ich eher als „Opfer" seiner Gene und seiner früheren Erfahrungen.

Idealerweise bedeutet eine Therapie von Zorn, dass man die *Ursachen* von Zorn ausschaltet. Das nennt man eine *kausale* Therapie. Dies ist aber nicht immer möglich. Manchmal ist auch nur eine *symptomatische* Therapie möglich, d. h. wir können die Ursachen nicht beseitigen, nur die *Symptome* beseitigen oder mildern.

Es gibt viele Gründe, warum eine kausale Therapie oft nicht gelingt. Wie beschrieben, kann eine Neigung zu Aggression oder zur Anpassung genetisch angelegt sein. Unsere *genetische Anlage* ist aber bis heute kaum veränderbar, was immer über die Chancen und Gefahren der Gentechnik geredet wird. Zwar kann die Gentherapie bestimmte Erbkrankheiten behandeln, aber ein komplexes Verhalten wie Ärger oder Anpassung ist noch nicht zu verändern (wenn dieser Weg denn wünschenswert wäre). Hier werden also klar die Grenzen einer kausalen Therapie von Ärger und Aggression markiert, wie überhaupt die Grenzen von Psychotherapie. Daher werde ich auf den Punkt Genetik im Folgenden nicht weiter eingehen.

Auch auf den Punkt *körperliche Ursachen* von Aggression wird nur partiell eingegangen. Denn bei Störungen des Körpers oder des Gehirns ist der Arzt zuständig, da kann ein psychologischer Ratgeber nicht helfen.

Konkret werden in den einzelnen Kapiteln des II. Teils folgende Themen behandelt:

1. Umwelt-Ursachen ausschalten – durch erfolgreiches Verhalten (II/1)

2. Kindheitsverletzungen überwinden – durch Heilung des inneren Kindes (II/2)

3. Ich-Fehler ausschalten – durch Neuaufbau des eigenen Ich (II/3)

4. Soforthilfe – durch symptomatische Therapie (II/4).

## 1. Erfolgreiches Verhalten

*Verbringe nicht die Zeit mit der Suche*
*nach einem Hindernis, vielleicht ist keines da.*
Franz Kafka

Wir haben anfangs gesehen: Ärger entsteht primär, wenn der Wunsch nach Selbstentfaltung und Anerkennung nicht erfüllt wird. Grundsätzlich gibt es also zwei Möglichkeiten, ein Ärgernis zu bewältigen.

– Erstens, man verändert durch sein *Verhalten* die *Umwelt*, man sorgt dafür, dass der Wunsch *real* erfüllt wird.

– Zweitens, man ändert durch *psychologische Strategien* sein *eigenes Inneres*, vor allem seine *Wünsche*, so dass einem das Ärgernis nichts mehr anhaben kann.

Zum Beispiel ärgert man sich über sein eingedelltes Auto, denn dadurch wird der Wunsch nach Bewunderung von anderen (Statussymbol) nicht befriedigt.

– Eine *reale* Lösung ist: Man lässt den Liebling in einer Werkstatt reparieren (was natürlich kostet).

– Eine *psychologische* Lösung ist: Man findet sich damit ab, dass der Wagen eben eine Delle hat, man ändert also seinen Wunsch bzw. seine Einstellung (Bewunderung kann man sich ja auch anders verschaffen).

In diesem Kapitel beschäftigen wir uns mit dem *Verhalten*. Wie man durch sein Verhalten Ärgernisse real beseitigt. Es geht um *Verhaltensmanagement* oder *Verhaltenstechnik*. Das entspricht vor allem den im I. Teil genannten *Umwelt-Ursachen* von Ärger. Und zwar ist ein sinnvolles Verhalten gegenüber Ärgernissen für den Ablehner wie für den Annehmer ein Problem.

Der konflikt-orientierte *Ablehner* versucht grundsätzlich erst, die Realität zu ändern (und nicht sich selbst). Und er neigt zu aggressiven Methoden der Änderung, die ihm meist zusätzlichen Ärger einbringen. Das Lernziel des Ablehners ist also, sich friedlicher und freundlicher zu verhalten.

Der konflikt-vermeidende *Annehmer* versucht meist zunächst, sich selbst zu ändern, weil er bei sich selbst den Fehler sieht. Wenn er aber versucht, real etwas zu ändern, dann zu defensiv. Das Lernziel des Annehmers ist also, sich offensiver und selbstbewusster zu verhalten.

Natürlich kann ich hier nicht für alle möglichen Lebensbereiche beschreiben, wie man Ärgernisse beseitigt: Wir hatten unter „Ursachen von Ärgernissen" acht Punkte genannt: Gesellschaft, Kultur, Wohnung, Umwelt / Natur, Beruf, Freizeit, Familie / Kontakt und Übersinnliches. Konkret also z. B. Umgang mit Nachbarn, Umgang mit Vermietern, Umgang mit Kollegen, Umgang mit Vorgesetzten usw. usw. Nur für ausgesuchte Lebensbereiche, zum Beispiel Partnerschaft, wird konkret auf den Abbau von Ärger eingegangen. Sonst geht es um Verhaltens-*Regeln*, die man prinzipiell auf alle Bereiche anwenden kann. Diese Regeln werden allerdings an Beispielen aus unterschiedlichen Konfliktsituationen veranschaulicht.

Die wichtigste Methode für Veränderungen des Verhaltens ist die *Verhaltenstherapie*. Sie geht davon aus, dass schädliches Verhalten auf negativen *Lernprozessen* beruht. Ihre Methode ist, dieses ungünstige Verhalten wieder zu verlernen bzw. alternative, konstruktive Verhaltensweisen neu zu lernen. Für die Verhaltenstherapie ist es nicht wesentlich, mögliche Ursachen des falschen Verhaltens aufzuspüren, sondern einfach *umzulernen*. Das erfordert *Übung*.

– Manchmal ist es wichtig, direkt ins kalte Wasser zu springen, also sein Verhalten direkt und radikal zu verändern. In der Verhaltenstherapie nennt man das *Expositionstherapie* oder *Konfrontationstherapie*. Sie wird besonders bei Ängsten eingesetzt, zum Beispiel auch bei Angst vor Streit und Auseinandersetzungen (soziale Angst).

– In anderen Situationen ist es günstig, sein Verhalten *Schritt für Schritt* umzugestalten (*systematische Desensibilisierung*). Man gewöhnt sich langsam an ein neues, z.B. friedlicheres Verhalten. Man übt, sich immer weniger zu streiten, bis man nicht mehr aggressiv ist, sondern „fit for Frieden".

Allerdings hält die *kognitive* Verhaltenstherapie es für wichtig, dass man auch *versteht*, warum bestimmtes Verhalten zu Problemen führt und wie man sich besser verhalten kann.

Und genau das möchte ich in diesem Kapitel anbieten: Einsicht vermitteln in verschiedene Verhaltensweisen, mit Ärger umzugehen. Und anregen, ungünstiges Verhalten aufzugeben und konstruktives Verhalten zu lernen und einzuüben.

Dabei komme ich zuerst zurück auf die Unterscheidung zwischen zwei Arten von Ärgernissen, nämlich *Störung* und *Mangel*. Vereinfacht gesagt:

– Bei einer Störung ist etwas da, was nicht da sein sollte. Störung = zu viel

– Bei einem Mangel ist etwas nicht da, was da sein sollte. Mangel = zu wenig.

Eine Störung bedeutet eine *Reiz-Überstimulation*, z.B. Krach, grelles Licht, unangenehme Hitze oder Kälte, Menschengedränge usw. Mangel bedeutet *Reiz-Unterstimulation*: Alleinsein, quälende Stille, Langweile, Gefühl der Leere.

Eine *Störung* ist z.B.: Ihr Wecker klingelt früh morgens und lässt sich nicht mehr abstellen. Ärgerlich! Mögliche Maßnahmen sind: *1. verändern*: den Wecker-Zeiger verstellen, 2. *vernichten*: mit dem Hammer draufhauen, 3. *vertreiben*: den Wecker aus dem Fenster schmeißen, 4. *flüchten*: in ein anderes Zimmer flüchten.

Eine Mangelsituation dagegen ist z. B.: Ihr Wecker klingelt gar nicht mehr, Sie haben Angst zu verschlafen. Hier bleiben Ihnen nur folgende Möglichkeiten: 1. *verändern*: neue Batterien einsetzen, 2. *ersetzen*: sich einen neuen Wecker kaufen.

Bei diesem einfachen Beispiel wirken viele Maßnahmen banal oder lustig. Aber es geht darum, systematisch – im Rahmen einer generellen *Systemtheorie* – alle möglichen Verhaltens-Strategien zu veranschaulichen. Und man wird an späteren Beispielen sehen, welche Rolle diese Strategien im Alltag spielen.

Wenn man es nur mit seinem eigenen Wecker zu tun hat – einem recht harmlosen Gegner –, dann ist die Beseitigung des Ärgernisses sehr leicht. Denn man kann ja mit dem Klingelgerät umgehen wie man will. Aber es ist nicht immer so einfach. Viele Ärgernisse *kann* man nicht im Hauruck-Verfahren beseitigen. Und viele *darf* man nicht.

Eine Wolke, die Ihnen das Sonnenlicht raubt, lässt sich kaum vertreiben (wenn man nicht gerade „Sonnenmacher" ist). Und eine stinkende und lärmende Fabrik vor der Haustür ist auch nicht ohne weiteres zu demontieren – vor allem darf man es nicht, sie gehört einem ja nicht.

Besondere Probleme entstehen also, wenn das, was uns nervt, *Eigentum* eines anderen ist. Oder wenn der „Nerver" oder Nervtöter ein Mitmensch ist. Der gehört nur sich selbst und genießt eben besondere Rechte. Da ist normalerweise nur erlaubt, den Mitmenschen so zu beeinflussen, dass er uns nicht mehr nervt. Auch ein Tier hat rechtlich und moralisch größeren Anspruch auf Schutz als ein Wecker. Davon wissen die Leute ein Lied zu singen, die rabiat gegen „Nachbars Lumpi", den ewig kläffenden Nachbarsdackel vorrückten.

Diese Punkte werden nun im Einzelnen beleuchtet. Wir haben bisher vor allem beschrieben, *was* man gegen Ärgernisse tun kann. Es geht aber auch entscheidend darum, *wie* man vorgeht. Denn gerade wenn man einen Menschen *verändern* will, kann man dies durch *Kampf*, *Verhandlung* oder *Anpassung* tun. Wenn man etwas zerstören oder verjagen will, kommt dagegen meist nur der Kampf in Frage. *Flucht* hilft, wenn man eine Störung nicht ausschalten kann. Und *Neubeginn* (Ersatz suchen) ist erste Wahl in Mangelsituationen. Dabei gibt es nicht *die* beste Methode – es kommt auf die Situation an. Und es ist wesentlich, so *flexibel* zu sein oder zu werden, das man die jeweils wirksamste Methode auswählen kann.

## Kämpfen und Streiten

Kämpfen kann *körperliches*, aber auch *verbales*, *juristisches* oder anderes Kämpfen meinen.

Kämpfen zielt darauf, das, was einen ärgert, entweder zu *zerstören* bzw. zu *verjagen* oder aber so zu *verändern*, dass es einen nicht mehr ärgert.

Kämpfen hat durchaus seinen Wert: Wenn man körperlich angegriffen wird, bleibt einem manchmal nur die Möglichkeit, sich körperlich zu wehren. In Notwehr kann das erfordern, den Angreifer unschädlich zu machen oder sogar zu „vernichten".

Wenn im Job jemand gegen einen intrigiert, kann man den anderen vielleicht nur durch aggressives Auftreten in seine Schranken verweisen. Wenn einem ein Händler einen defekten Computer angedreht hat, muss man sich notfalls mit einem Anwalt sein Recht erstreiten. Und natürlich ist es berechtigt, gegen Gegenstände wie einen kaputten Wecker zu „kämpfen", wenn man das denn so nennen will. Man verletzt ja nicht das Persönlichkeitsrecht seines Weckers, wenn man ihn auf den Boden schmeißt.

Aber Kämpfen hat auch große *Nachteile*: Man steigert sich durch das Streiten oft erst richtig in den Ärger hinein. Und wenn man den Kampf verliert, ist der Ärger um so größer. Außerdem verärgert man durch sein Kämpfen andere Menschen, was zu *Revanche* mit neuem Ärger führen kann. „Wie man in den Wald hineinruft, so schallt es heraus." Gehe ich aggressiv auf andere zu, erhalte ich oft auch eine aggressive Antwort.

Besonders problematisch ist ein kämpferisches Vorgehen bei *Mangel*. Wenn ein Mann von seiner Frau verlassen wurde, nützen böse Worte und Drohungen meistens wenig, Liebe kann man nicht erzwingen. Leider versuchen manche Männer sich wenigstens die körperliche „Liebe" zu erzwingen, aber damit zerstören sie die Beziehung endgültig und begehen ein kriminelles Delikt.

Um ein Ärgernis auszuschalten, wählt der *Ablehner* (*Konflikt-Typ*) allzu schnell den *Kampf*. Er versucht, einen „Störer" aggressiv zu verändern, zu vertreiben oder zu vernichten. Er ist zu genervt, zu gereizt, zu ungeduldig, um es mit sanfteren Methoden zu versuchen. Er setzt seinen Willen durch, zwingt den *Störenfried* zu etwas bzw. vollzieht einfach eine Handlung an ihm. Das Kämpfen macht ihm geradezu Spaß. Dabei ist dem Ablehner nicht bewusst, dass er oft nur eine alte Wut aus der Vergangenheit in der Gegenwart ausagiert. Das *Lernziel* des Ablehners ist also, seinen Kampfbereitschaft „runterzufahren" und sich friedlicher zu verhalten. Er muss den eigenen Geduldsfaden verlängern. Der römische Philosoph Seneca rät: „Das größte Gegenmittel gegen den Zorn ist der Aufschub."

Der *Annehmer* (*Harmonie-Typ*) vermeidet dagegen den Kampf, auch wenn er angemessen wäre. In seiner Harmoniesucht sind ihm Konflikt und Streit ein Gräuel. *Lernziel* für den Annehmer ist also zu lernen, über Kampf und Streit für seine Rechte einzustehen.

Ein Beispiel aus der *Nachbarschaft*. Nachbarschaftsstreitigkeiten gehören zu den häufigsten; Fernsehserien wie „Allein unter Nachbarn" oder „Die höllischen Nachbarn" belegen das.

Angenommen, Ihr Nachbar lässt einmal wieder laut schauerliche Musik laufen. Sie fühlen sich behindert, ihr Wunsch, z.B. ungestört zu arbeiten, ist nicht erfüllbar. Und Sie fühlen sich missachtet, weil der Nachbar meint, auf Sie keine Rücksicht nehmen zu müssen.

Der *Annehmer* (Harmonie-Typ) wird normalerweise gar nichts unternehmen. Vielleicht sieht er den Fehler bei sich selbst („Ich bin eben zu lärmempfindlich"). Jedenfalls scheut er den Konflikt, wenn er den Nachbarn anspricht. In einem solchen Fall ist es aber durchaus angemessen, für seine Rechte einzustehen. Hier hilft ein *Selbstbehauptungstraining,* entweder der Sprung ins kalte Wasser oder die Schritt-für-Schritt-Methode. Jedenfalls müssen Sie immer wieder dieses Verhalten trainieren. Wie die Selbstbehauptung in unserem konkreten Fall aussehen könnte, lesen Sie jetzt:

## Harmonie-Typ: Selbstbehauptungs-Training

- *Legen Sie vorher konkret fest, wie Sie vorgehen und was Sie erreichen wollen.*
- *Sprechen Sie den Nachbarn an, besser persönlich als über das Telefon.*
- *Äußern Sie höflich, aber bestimmt, dass er leiser Radio hören soll.*
- *Treten Sie selbstbewusst auf, schauen Sie dem anderen ins Gesicht.*
- *Drängen Sie auf eine klare Antwort des Nachbarn.*

Nun zum *Ablehner*. Der möchte im Zorn zwar vielleicht am liebsten eine Gewaltlösung, den Nachbar „abmurksen" oder samt seiner Stereoanlage aus dem Haus vertreiben. Aber als gesitteter Mensch muss man sich zu anderen Methoden bequemen.

Natürlich können Sie auch versuchen, den Nachbarn mit kämpferischen Mitteln zu einer Änderung seines Verhaltens zu bringen: sich lauthals beschweren, mit Anzeige wegen Ruhestörung drohen etc. Manch einer stellt auch die eigene Anlage auf volle Power, um gegen den Krachmacher anzulärmen. Dann ist es zwar noch lauter, nur man hört eben die eigene Musik. Am Lärm des Nachbarn stört einen ja nicht nur der Geräuschpegel, sondern auch die Unverfrorenheit dieses „Burschen", der so wenig Rücksicht auf einen nimmt – das kränkt nämlich.

Zwar kann das zum Erfolg führen, wenn sich der Nachbar einschüchtern lässt. Und dieser „Sieg" tut dem Ablehner gut. Aber wenn es nicht gelingt, der Nachbar auf stur schaltet, ist die – ohnmächtige – Wut um so größer. Auch ein Erfolg ist vielleicht nur ein *Pyrrhus-Sieg*. Denn durch den Kampf steigert sich der Ablehner noch mehr in seinen Ärger rein. Außerdem hat man jetzt Streit mit dem Nachbar, was sicher bald zu neuem Ärger führen wird. Vielleicht wird der Nachbar es einem bei passender Gelegenheit heimzahlen.

Und mit Wortgefechten oder Anwaltaktivitäten sind ohnehin schon fast die Grenzen des kämpferischen Einsatzes erreicht. Mit Faustrecht und Wildwest bekommt man sicher dreifachen Ärger. Wenn es auch mehr befriedigen mag, aus einer Position der Stärke dem Nervtöter ein „Leiser stellen!" zu befehlen – auf Dauer erreicht man so kaum einen Erfolg.

Für den *Ablehner* (Konflikt-Typ) ist daher ein *Anti-Konflikt-Training* angesagt. Er muss lernen, Konflikte nicht unnötig hervorzurufen bzw. zu schüren und bereits entstandene Konflikte zu deeskalieren, sie möglichst zu harmonisieren. Auch dieses Verhalten muss regelmäßig geübt werden, bis es sitzt. Wir nehmen wieder unser Nachbarschaftsbeispiel.

### Konflikt-Typ: Anti-Konflikt-Training

- *Überlegen Sie sich vorher, wie Sie das Gespräch ohne Streit führen können.*
- *Bringen Sie Ihre Argumente sachlich, nicht kränkend vor.*
- *Lassen Sie sich nicht provozieren.*
- *Wenn Sie sich ärgern, holen Sie dreimal tief Luft.*
- *Zielen Sie auf einen Kompromiss, nicht auf einen totalen Sieg.*

In Nachbarschaft oder Büro unterlässt man möglichst einen richtigen Streit. Gerade in einer *Partnerschaft* oder einer freundschaftlichen Beziehung kann aber ein Kämpfen mit Worten bzw. ein *Streiten* auch einmal Sinn machen, ist sogar zuweilen unumgänglich. Es muss ein reinigendes Gewitter geben, die Wut muss erst einmal rausgelassen werden, damit man danach wieder ruhig miteinander sprechen kann. Allerdings versuche man dabei, sich an bestimmte Regeln zu halten.

Denn sonst besteht die Gefahr, dass man sich nur gegenseitig aggressiv aufschaukelt. Durch Pseudofragen wie „Warum bist du nur immer so aggressiv?!", präsentieren von Uraltrechnungen („Vor 10 Jahren ..."), kleinliches Aufrechnen („Erstens, zweitens, drittens ..."), Pauschalangriffe („Hätte ich doch auf meine Mutter gehört!") und andere destruktive Gesprächsmuster kommt es zum großen Krach oder zu ständigem Kleinkrieg, jedenfalls zu bleibenden Verletzungen und Entfremdung.

Psychologen haben hier Abhilfen ersonnen, Thomas Gordon die *Ich-Botschaften* statt *Du-Beschimpfungen*. Von sich und seinen Gefühlen sprechen: „Ich ärgere mich über dich", statt: „Du machst alles falsch." Eine solche sanfte Auseinandersetzung hat ihren Wert. Man schreit sich nicht an, jeder hört dem anderen zu und versucht, sich in ihn hineinzuversetzen, den Streitpunkt einmal aus seinem Blickwinkel zu sehen.

Nur: Manchmal ist einer einfach zu wütend, um seine Wut in zahnlose Ich-Botschaften umzuformulieren – das würde ihn nur noch zorniger machen. Da hält er sich besser an die Ratschläge des „Aggressions-Papstes" George Bach. Der hält ein saftiges Streiten für durchaus förderlich, nur fair soll es sein, keine Schläge unter die seelische Gürtellinie.

**Regeln für ein faires Streiten unter Partnern**

- *Wenden Sie keine körperliche Gewalt an.*
- *Wenn beide wollen, kann aber ein spielerischer Ringkampf o. ä. nützlich sein.*
- *Zeigen Sie offen Ihre Wut, aber machen Sie den anderen nicht fertig. Und zeigen Sie auch Ihre Verletztheit.*
- *Lassen Sie den Kontrahenten ebenso seine Gefühle äußern.*
- *Bleiben Sie sich bewusst: Bei dem aktuellen Ärger spielen bei Ihnen und dem Streitpartner immer auch alte Gefühle (z. B. den Eltern gegenüber) eine Rolle, die also gar nichts mit Ihnen beiden zu tun haben.*
- *Ein Streit wird meistens von beiden verursacht. Klären Sie: Wo ist mein Anteil daran? Was ist dein Anteil?*

Manchmal ist nicht nur *Streit*, sondern sogar *Rache* erlaubt und sinnvoll. Es gibt bestimmte Gemeinheiten und Kränkungen, die wir gar nicht oder nur sehr schwer überwinden können. Und die sich am leichtesten verschmerzen lassen, wenn wir „zurückschlagen". Über die Psychodynamik von Kränkung und Ent-Kränkung habe ich bereits geschrieben. Bei Rache können wir ein Ärgernis meist zwar nicht aufheben, sondern nur unsere Kränkung. Wenn jemand Ihnen ein geliehenes Buch nie zurückgibt, behalten Sie die CD von ihm. Dadurch haben Sie zwar Ihr

Buch nicht zurück, aber durch den Ausgleich ärgern Sie sich weniger.

Natürlich mag man von einem strikt moralischen Standpunkt jede Rache ablehnen. Aber die Wirklichkeit lässt sich nicht immer an idealen Moralvorstellungen orientieren. Allerdings muss eine Rache sich erst recht an bestimmte Regeln halten. Wir dürfen nicht zur Selbstjustiz greifen, wir dürfen kein kriminelles Delikt begehen, sonst handeln wir uns nur zusätzlichen Ärger ein. Wenn jemand Ihr Auto zerkratzt hat, zerkratzen Sie nicht seins, sondern zeigen ihn besser an. Wohin Rache und erneute Rache führen kann, zeigt sich bei der *Blutrache*, wenn eine Gewalttat die andere nach sich zieht. Ganz witzige Rache-Ratschläge findet man in Büchern wie „Das MAD Buch der Rache". Dort wird z.B. empfohlen zu versuchen, einem aufdringlichen Staubsauger-Vertreter den eigenen alten Staubsauger aufzuschwatzen.

Fazit: Es muss nicht immer Sieger und Besiegte geben. Man sollte nur kämpfen, wenn es wirklich notwendig ist. Dann aber darf man dem Kampf nicht ausweichen, muss ihn mit voller Konsequenz durchziehen. Doch meistens und auf Dauer erreicht man mehr mit *Verhandlung*.

## Tipps für Kämpfen und Streiten

KONFLIKT-TYP

- *Versuchen Sie, nicht immer gleich dem ersten Kampfimpuls zu folgen.*
- *Zählen Sie bis 3 (bis 10) und überlegen Sie, wie Sie ohne Streit den Ärger loswerden.*

HARMONIE-TYP

- *Stellen Sie sich gedanklich vor, wie sie kämpferisch und selbstbewusst auftreten.*
- *Trainieren Sie ein Streitgespräch, z.B. mit einem Freund.*

## Verhandeln oder Tricksen

*Verhandeln* soll heißen: Beide Parteien gelten als *gleichberechtigt*, man diskutiert *ohne Streit* und einigt sich. Da geht das Problem schon los. Der Ablehner möchte aus einer Position der Stärke verhandeln, der Annehmer verhandelt oft aus einer Position der Schwäche. Ziel muss für beide sein: *Verhandeln in Augenhöhe*.

Beim Verhandeln *redet* man miteinander. Das ist schon der erste wichtige Schritt. Denn oft reden verfeindete Menschen nicht mehr miteinander (wenn man einmal von Beschimpfungen absieht). Im Gespräch versucht man, auf gütliche Weise eine faire und gerechte Lösung zu erreichen, einen *Kompromiss* zwischen den Bedürfnissen von beiden. Z. B. erklärt sich der Nachbar bereit, leiser oder seltener Musik zu hören, man selbst toleriert gelegentliches Hochfahren von Nachbars Stereoanlage.

Zum Verhandeln gehört: *Zuhören* können. Wenn man immer nur selbst redet und den anderen nicht zu Wort kommen lässt, ist ein Verhandeln unmöglich. Auch wenn man die Aussagen des Gegenüber für falsch hält, sollte man ihn erst einmal aussprechen lassen und versuchen, dessen Meinung zu verstehen. In Verhandeln steckt das Wort „Hand". Man kann das so interpretieren, dass man sich die Hand reicht, was ja für eine Versöhnung spricht – und nicht dem anderen die Hand verweigert oder die Faust in der Tasche ballt.

Wichtig kann es sein, eine dritte, neutrale Person zu dem Gespräch hinzuzuziehen. Das kann auch ein professioneller Berater oder Schlichter sein, z. B. ein Eheberater.

Eine Verhandlung setzt voraus, dass wir es mit einem anderem Menschen zu tun haben. Mancher verhandelt zwar mit dem Schicksal, einer Krankheit oder dem Wetter – das ist psychologisch verständlich, aber kaum sinnvoll. Vielleicht kann man – nonverbal bzw. durch Gesten – auch mit einem Tier verhandeln, etwa einem Hund: „Hier kriegst du die Wurst, dafür bellst du auch nicht mehr." Mit unbelebten Dingen lässt sich gar nicht verhandeln, obwohl das manche Menschen immer wieder versuchen: Er zu seinem Auto: „Wenn du jetzt anspringst, bekommst du eine Schaumwäsche." Ehrlicherweise muss man allerdings zugeben: Manche Menschen sind so uneinsichtig, stur oder aber gewalttätig, dass eine Verhandlung mit ihnen zu nichts führt.

Eine besondere Variante ist die *strategische* Verhandlung. Sie ist ein *Trick*, um das nervende Verhalten eines anderen zu ändern. Kommen wir nochmals auf unseren Musik liebenden Nachbarn zurück. Selbst wenn Sie ihm ohne kämpferisches Drohen, sondern im liebenswürdigsten Verhandlungston – hart, aber herzlich – kundtun, dass Sie seinen Musikgeschmack scheußlich finden, wird das kaum besondere Erfolge zeitigen. Der gekränkte Musikliebhaber wird eher sein Radio noch lauter drehen.

Was gibt es hier zu beachten? Wenn man einen Menschen zu einem bestimmten Verhalten bringen will (ohne direkten Zwang auf ihn auszuüben), so muss man ihn *motivieren*. Soll heißen, man muss ihm klarmachen oder weismachen, dass er durch dieses Verhalten Vorteile erringt bzw. Nachteile vermeidet. Insofern gibt es eine *positive* und eine *negative Motivierung*. Bei der positiven Motivierung verlocken wir unser „Opfer" mit etwas Angenehmem, versprechen vielleicht das Blaue vom Himmel herunter. Beim Negativ-Motivieren macht man dem anderen Angst, Schuldgefühle etc., das gehört vorwiegend zu den Kampfmitteln.

Wir haben schon gesehen: Mit purem Kampf wollen und können wir dem Nachbarn nicht kommen. Also besser ihn positiv motivieren. Da gibt es nun die verschiedensten Ansätze, denn jeder Mensch hat unzählige Bedürfnisse, die man ansprechen kann. Ein guter Menschenkenner wird schnell herausfinden, was dem anderen besonders wichtig ist und diese Schwachstellen nutzen. Grundwünsche des Menschen richten sich z. B. auf *Anerkennung, Sicherheit* und *Erfolg:*

- *Anerkennung*: Wenn der Nachbar Herr Schmitz in seinen Boxer vernarrt ist und Sie sagen etwas Nettes über den „hübschen Hund", dreht Herr Schmitz die Lautstärke bestimmt runter.

- *Sicherheit*: Sie bieten der ängstlichen Frau Müller an, in ihrem Urlaub in der Wohnung nach dem Rechten zu sehen. Sie wird sich erkenntlich zeigen, die Volksmusik dudelt dezenter.

- *Erfolg*: Sie bewundern Herrn Petersen für seinen Sieg im Tischtennis-Turnier. – Und schon spielt die Musik leiser.

Natürlich dürfen die Komplimente nicht zu plump-durchschaubar sein. Mit solchen Techniken und Tricks – wie sie ähnlich in der Werbung und Verkaufspsychologie verwandt werden – lässt sich mancher Ärger verhüten. Nur nicht ohne Preis. Erstens manipuliert man seinen Gegenüber ja mehr oder weniger, somit ist ein aufrichtiger und echter Kontakt kaum möglich. Zweitens: Vielleicht müssen Sie sich so verstellen, so heucheln, um den Nachbarn zu bequatschen, dass Sie sich nachher mehr über die eigene Heuchelei und Verleugnung ärgern als je über die Schauermusik des Nachbarn.

## Tipps für Verhandlung

KONFLIKT-TYP

- *Versuchen Sie, in einer Verhandlung den anderen als gleichberechtigten Partner und nicht als Gegner zu sehen.*
- *Nehmen Sie in einem Rollenspiel die Rolle Ihres Streitpartners an und nennen die Argumente, die er vorbringen könnte.*

HARMONIE-TYP

- *Verhandeln sie nicht von unten und lassen Sie sich nicht in die Defensive treiben.*
- *Setzen Sie sich ein klares Verhandlungsziel und halten Sie sich daran.*

## Anpassung – Plus und Minus

In bestimmten Situationen hilft nur, sich *anzupassen*. Anpassung heißt, sich dem Willen eines anderen oder der Realität zu fügen, um so ein Ärgernis zu beseitigen: Man macht etwas, was man zunächst ungern tut, aber ist dafür den Ärger los. (Diese *äußere* Anpassung ist nicht gleichzusetzen mit einer *inneren* Anpassung, bei der man einfach stillhält und gar nicht versucht, das Ärgernis auszuschalten, bei der man womöglich auch dem Willen des anderen gerne folgt.)

Wenn es mit Ihrem Partner über Ihre Unpünktlichkeit ständig Ärger gibt, ist es wohl besser, wenn Sie seinem – berechtigten – Wunsch nach mehr Pünktlichkeit folgen, auch wenn Ihnen das schwer fällt. Denn den ewigen Streit sind Sie dann los. Wenn Sie sich über schlechtes Wetter ärgern: Besser als darüber zu schimpfen ist eben, das ungeliebte Regenkap überzuziehen. Das Wetter ändert sich zwar nicht, aber Sie bleiben wenigstens trocken. Wenn Sie sich über körperliche Schmerzen ärgern, ist es klüger, sich vom Arzt behandeln zu lassen, auch wenn Sie vielleicht Angst vor Spritzen haben und Ihnen die Wartezeiten beim Arzt lästig sind.

Erst recht in bestimmten *Extremsituationen* ist Anpassung angesagt: Bei einer Flugzeugentführung tut man tunlichst das, was der Entführer befiehlt, auch wenn man am liebsten kämpfen würde. Man muss, indem man sein Verhalten auf den Willen des Gegners einstellt, dessen Aggressivität mildern, ihn vielleicht zur Schonung veranlassen. Es geht ums Überleben. (Allerdings ist in Ausnahmesituationen manchmal auch Kampf oder Flucht die bessere Lösung.)

Anpassung hat Vorteile und Nachteile. Wir müssen uns generell ein Stück weit an die Realität anpassen. Und in jeder Beziehung ist eine gewisse Anpassung an die Wünsche des anderen notwendig. Man muss, um Streit zu vermeiden, wenn schon nicht aus Liebe zum anderen, auch mal etwas tun, das einem schwer fällt. Negativ ist es aber, wenn man sich so sehr auf die Wünsche des anderen einstellt, dass die eigen Wünsche untergehen. Und wenn sich nur einer der Partner anpasst, der andere dagegen seinen Willen immer durchsetzt.

Für den *Ablehner* ist Anpassung sehr unliebsam, er empfindet sie als Niederlage. Daher kämpft er oft – wie der berühmte Don Quichotte – einen sinnlosen Kampf gegen Windmühlenflügel, um sich nur nicht unterordnen zu müssen. Er erträgt lieber ständigen Ärger, als seinen Kampf aufzugeben. Das *Lernziel* für den Ablehner ist also, Anpassung zu lernen. Dagegen ist der Annehmer allzu bereit, sich anzupassen, weil er Streit scheut und sich für sein Nachgeben Zuneigung erhofft. Insofern gilt als *Lernziel* für den Annehmer: Er muss lernen, mehr Widerstand zu leisten und sich dem Druck nach Anpassung zu widersetzen.

## Flucht – Ausweg oder Sackgasse?

Wir haben gesehen, wie man durch *Kampf, Verhandlung* oder *Anpassung* Ärgernisse bewältigen kann. Nun gibt es Situationen, die einen wütend machen, wo aber diese Möglichkeiten nichts nützen, wo nur eine *Flucht* möglich bleibt. Im Einzelnen kann dieses Fliehen bedeuten:

*1. sich verziehen, 2. sich verstecken, 3. sich verschanzen*

Zunächst ein krasses Beispiel: Ein bissiger großer Hund greift Sie an. Ärger und Angst. Was tun? Kämpfen lässt man besser sein, wenn man nicht gerade Goliath oder gut bewaffnet ist. Mit Verhandlung würde ich es auch nicht versuchen, mit Anpassung allenfalls, wenn man eine Riesenwurst bei sich hat. Was bleibt, ist abzuhauen. Oder sich zu verstecken; das nützt aber bei der empfindlichen Nase des Hundes wahrscheinlich nicht viel, man brauchte schon einen Schlupfwinkel, bei dem man weder gesehen noch gerochen werden kann. Besser sich verbarrikadieren, in ein Haus flüchten oder auf einen Baum, wo der Köter nicht hinkommt.

Ein komplexeres Beispiel: Direkt vor Ihrem schönen Eigenheim wird eine Umgehungsstraße gebaut: Das bedeutet Lärm und Abgase für Sie, außerdem sollen Sie auch noch Anliegerkosten zahlen. Ärger hoch 10. Sie versuchen es mit einem juristischen Kampf vor Gericht, scheitern aber. Sie versuchen zu verhandeln, dass die Straße in größeren Abstand von Ihrem Haus gebaut wird. Und scheitern. So schwer die Entscheidung auch sein mag: Ehe Sie sich zu Tode ärgern, ist es besser, das Haus (mit Verlust) zu verkaufen und wegzuziehen. *Besser ein Ende mit Ärger als ein Ärger ohne Ende.*

Überhaupt muss man ein Wegziehen oder ein Weggehen aus einer Beziehung nicht unbedingt „Flucht" nennen. Es kann ein *geordneter Rückzug* sein oder eine *Trennung*. Und dass man aus einer quälendenden Lebenssituation *weggeht,* zeigt durchaus Stärke. Wenn z. B. eine Frau von ihrem Ehemann immer wieder geschlagen wird, ist es auch eine mutige Entscheidung, den Mann zu verlassen. Und oft muss man etwas Altes (bzw. seinen „Alten" oder seine „Alte") loslassen, um frei zu werden für einen *Neubeginn.* Viele Menschen verbleiben all zu lange in einer nervenden Beziehung oder auch in einer frustrierenden Einsamkeit, ohne sich aufzuraffen für eine Neuorientierung, ohne sich einen besseren „Ersatz" für den fehlenden oder negativen Partner zu suchen.

Flucht bzw. Trennung hat also Vorteile: Es ist mitunter die schnellste Möglichkeit, ein Ärgernis loszuwerden. Man braucht sich nicht mit einem ärgerlichen Menschen oder einer ärgerlichen Situation auseinander zu setzen, sondern geht ihr einfach aus dem Weg. Aber das Fliehen hat ebenso große Nachteile. Man muss seinen gewohnten Lebensraum verlassen, man gibt der Störung oder dem Störer eine große Macht über sich, und man gerät leicht in eine Situation der *Angst.* Fliehen ist die defensivste von allen bisher genannten Möglichkeiten.

Außerdem hilft Flucht gar nichts in einer *Mangelsituation.* Denn wovor soll man da fliehen? Wenn wir uns darüber ärgern, dass niemand auf einer Gesellschaft mit uns redet, nützt es wenig, diese Gesellschaft zu verlassen. Zwar gibt es auch eine „Flucht nach innen", aber diese ändert schon gar nichts an der Realität, führt leicht zur Rückzug und Depression.

Der *Ablehner* verabscheut und verachtet die Flucht. Er empfindet es als unter seiner Würde, sich „feige" davonzumachen. Aber dadurch begibt er sich möglicherweise in Gefahr. Wenn man vor einer Gruppe betrogener Schläger provoziert wird und vor lauter Wut den Helden spielt, kann das leicht schlimm enden. Viele solcher allzu Mutigen haben schon bezahlen müssen. Lieber Beine in die Hand und weg, Sie sind nicht „Dirty Harry".

Der Ablehner muss also lernen, Gefahren realistisch einzuschätzen und notfalls zu fliehen. Er muss verstehen, dass er nicht seine Ehre verliert, wenn er sich nicht wehrt. Das gilt noch viel weitergehender. Der Ablehner muss lernen, manchmal nachzugeben. Nicht immer siegen müssen, überhaupt nicht immer rivalisieren müssen. Er wird feststellen, dass das sehr entspannend sein kann, viel relaxter als Ärger. Wie heißt es in einem Song: „Nicht mehr siegen, und das als Mann ..."

Ganz anders der harmoniebedürftige *Annehmer*: Für ihn sind Fliehen, Verstecken oder sich Zurückziehen alles Verhaltensweisen, die er nur zu gerne ergreift. Weil sie für ihn den Weg des geringsten Widerstandes bedeuten. In einer Überfall-Situation ist Weglaufen sicher die Methode erster Wahl. Aber wir dürfen nicht immer und überall davonlaufen – sonst wird das ganze Leben zur Flucht.

Ich beschreibe im Folgenden zum Vergleich zwei Arten eines *Anti-Flucht-Trainings*, nämlich: *Systematische Desensibilisierung* und *Exposition*.

*Systematische Desensibilisierung*: Hier lernen Sie *Schritt für Schritt*, in einer Konflikt-Situation nicht zu fliehen, soll heißen, dass man sich allmählich an eine ängstigende Situation *gewöhnt*. Wichtig ist, dass man bei allen Schritten versucht, *entspannt* zu bleiben (eventuell vorher eine Entspannungsmethode wie *Autogenes Training* lernt). Oft durchläuft man die Situation erst nur in der Vorstellung, im Computer-Zeitalter auch in der *virtuellen Realität*. Dann nähert man sich *real* der Situation an.

Z. B. möchten Sie gerne an einem Englisch-Kursus teilnehmen, haben aber Angst, sich zu blamieren. Denn Sie sind in der Schule im Englischunterricht manchmal ausgelacht worden und haben sich seit der Schulzeit nie mehr getraut, englisch zu sprechen.

**Harmonie-Typ: Anti-Flucht-Training / Desensibilisierung**

- *Stellen Sie sich zunächst nur vor, wie Sie vor anderen Kursteilnehmern Englisch sprechen – und entspannen Sie sich dabei.*
- *Melden Sie sich zu einem Kurs an – und gehen Sie auch hin.*
- *Beim ersten Termin beteiligen sie sich zunächst nicht.*
- *Beim nächsten Termin machen Sie eine kleine englische Wortmeldung. (Vermutlich wird keiner lachen, und wenn, bleiben Sie entspannt.)*
- *So machen Sie einen weiteren Schritt nach dem anderen, bis Sie zum Schluss ein Referat in Englisch vor den anderen Kursteilnehmern halten.*

**Harmonie-Typ: Anti-Flucht-Training / Exposition**

- *Melden Sie sich sofort beim nächsten, möglichst anspruchsvollen Englisch-Kurs an.*
- *Beteiligen Sie sich von Beginn an häufig mit englischen Aussagen.*
- *Übernehmen Sie freiwillig eine besonders schwierige englische Aufgabe.*
- *Wenn Sie ausgelacht werden, brechen Sie auf keinen Fall den Kurs ab.*
- *Nehmen Sie Ihre Angst wahr und lassen Sie die Angst zu.*

Hier geht es um *Exposition* oder *Konfrontation*: Man setzt sich sofort der ängstigen Situation in vollem Maß aus, konfrontiert sich damit. Gewissermaßen die „harte Tour", es geht schneller, ist manchmal erfolgreicher. Bei dieser Methode soll man gerade nicht entspannt bleiben, sondern vielmehr die Angst voll durchlaufen lassen und wahrnehmen, einschließlich Herzklopfen, Schwitzen u. ä., bis das alles von allein abebbt, spätestens nach etwa dreißig Minuten, denn der Körper schaltet dann von sich aus die Erregung runter.

**Tipps für Flucht**

KONFLIKT-TYP

- *Machen Sie sich klar: Manchmal ist einfach nur klug zu fliehen, es ist nicht unmännlich und feige.*
- *Gehen Sie zur Übung bewusst bestimmten Ärgernissen aus dem Weg.*

HARMONIE-TYP

- *Analysieren Sie, wie oft und in welchen Situationen Sie davonlaufen.*
- *Schreiben Sie sich die Situationen auf, in denen sie nicht mehr weglaufen wollen – und halten Sie sich daran.*

## 2. Das innere Kind heilen

*O selig, o selig, ein Kind noch zu sein!*
Albert Lortzing

Wenn uns etwas ärgert, können wir durch unser *Verhalten* das Ärgernis *real* entschärfen. Dazu sind die Methoden Kampf, Verhandlung, Anpassung, Flucht und Neubeginn in unterschiedlicher Weise geeignet. Wir dürfen, können, sollen, müssen versuchen, die Ärgernisse in unserem Leben zu beseitigen. Es ist legitim, allerlei Ärgerlichkeit und Verdrießlichkeit in unserer *Umwelt* und *Mitwelt* auszuräumen, anstatt nickend oder katzbuckelnd alles hinzunehmen und die Fehler immer bei uns zu sehen.

Aber man muss sehen, dass dem Ändern der Umwelt doch Grenzen gesetzt sind:

- Man kann nicht alles verändern, was einen ärgert.
- Oft ist der Aufwand für eine Veränderung zu groß.
- Wir sind häufig nicht fähig zu einer Veränderung.

Erstens kann man nicht alles in seiner Lebenswelt ändern, was einen (gelegentlich) ärgert: neue Frau bzw. neuer Mann, neue Kinder, neues Haus, neues Auto … Scherzhaft gesagt: Wer soll das bezahlen? Wer hat so viel Geld? Aber natürlich scheitern solche Veränderungen nicht nur an finanziellen Grenzen. Vielem gegenüber sind wir mehr oder wenig ohnmächtig. Wir können nicht die Zeit anhalten, wenn wir uns über das Älterwerden aufregen, können nicht die Schwerkraft aufheben, damit keine teure Vase mehr auf dem Boden zerscheppert, wir können nicht das Klima ummodeln, um uns nicht ständig über Regen ärgern zu müssen. *Natur* und *Naturgesetze* schränken uns bis heute in vielem ein. Und das Leben in einer technischen Welt bringt neue Zwänge und Ärgernisse, vom Terminstress bis zur Umweltverschmutzung. Oft haben wir ja aber auch *ambivalente* Gefühle: Etwas ärgert und freut uns zugleich bzw. mal so mal so – wir wären gar nicht sicher, ob wir es wirklich abschaffen sollten.

Manches können wir zwar ändern, aber für welchen *Aufwand*? Angenommen, man hat Ihnen in einem Geschäft fünf Euro zu viel für eine Hose berechnet. Sie ärgern sich darüber. Verständlich, aber dennoch: Lohnt es sich, deshalb zurück zu fahren? Sie haben vielleicht eine Stunde Zeitverlust, zwei Euro Fahrtkosten, eventuell gibt es auch Ärger mit der Verkäuferin. Also, normalerweise lohnt sich der Aufwand in einer solchen Situation nicht. Sie bekämen zwar Ihre fünf Euro zurück, aber der ganze Aufwand ist den Ärger nicht wert, im ungünstigsten Fall ärgern Sie sich nachher sogar noch mehr.

Aber es gibt noch einen anderen Grund: Auch wenn man viele Ärgernisse aus der Welt schaffen könnte, wenn man sich anders verhalten würde: Wir sind oft psychisch *nicht fähig*, unser Verhalten wesentlich zu ändern, trotz gutem Willen und Übung. Auch wenn Sie wissen: „Ich müsste zu meiner Schwiegermutter netter sein, dann gäbe es nicht so viel Streit." Es geht vielleicht einfach nicht. Sagen Sie einem Wütenden einmal: „Nun reg dich doch nicht so auf!" Es klappt nicht, eher wird er noch wütender. Oder sagen Sie einer angepassten jungen Frau: „Nun hau endlich mal auf den Tisch, wehr dich!" – sie kann es nicht.

Wenn man sich also nicht ständig nutzlos erbosen und erbittern will, muss man in solchen Fällen sein Inneres ändern, die „Ärgermaschine" in sich. Die Umwelt bleibt zwar unverändert, aber man ärgert sich nicht mehr darüber. Konkret muss man dafür seine *Wünsche,* seine *Gefühle,* seine *Einstellungen,* seine *Gedanken* und *Erwartungen* korrigieren. Wenn man z. B. nicht unbedingt einen perfekten Partner *erwartet,* ärgert man sich eben weniger über die kleinen Fehler des Ehemanns bzw. der Ehefrau.

Die Veränderung der Innenwelt ist vor allem für den *Ablehner* wichtig, der nämlich dazu neigt, die Probleme außen zu sehen und nicht bei sich selbst. Und der daher immer zunächst versucht, die Außenwelt zu verändern. Dagegen hat der *Annehmer* ohnehin die Tendenz, die Ursachen für Schwierigkeiten in sich zu sehen.

Aber seine Gefühle, Wünsche und Gedanken zu ändern, ist noch schwieriger, als sein Verhalten zu ändern. Anders als die Verhaltenstherapie behauptet, lassen sie nämlich die *Ursachen* bestimmter Verhaltenstörungen oft nicht außer Acht lassen. Verhalten wie Wünsche und Gedanken wurzeln in der Vergangenheit, vielfach in der *Kindheit.* Dort haben wir bestimmte *Prägungen* erhalten, die wir nicht ohne weiteres willentlich abschütteln können, erst recht, wenn man in der Kindheit starke seelische (und körperliche) Verletzungen erlitten hat.

Wenn jemand sich häufig verärgert verhält, hat man ihn wahrscheinlich in der Kindheit so viel geärgert, dass er ein „ärgerlicher" Mensch geworden ist. Aber er drückt nur den Ärger aus, den man ihm eingedrückt hat. In Wirklichkeit zürnt er noch über Behinderungen und Kränkungen der Vergangenheit. Aber das nicht fühlend, lässt er seinen Zorn an Gegenwärtigem aus. Ähnlich, wenn jemand sich meistens anpasst. Zwar verfügt ein erwachsener Mensch sicher über eine gewisse *Steuerung* seines Verhaltens (wenn er nicht gerade hochgradig psychisch bzw. geistig gestört ist). Aber Gefühle und Gedanken lassen sich wesentlich weniger steuern. Um sie wieder in den Griff zu bekommen, ist es oft wichtig, die eigene *Vergangenheit* und vor allem die eigene *Kindheit* aufzuarbeiten.

Ein wesentlicher Schritt hin zu weniger Ärger bzw. weniger Angst ist also, die alten, verdrängten, negativen Gefühle wie Wut, Angst und Trauer in sich aufzuarbeiten, sie aufzulösen bzw. rauszulassen. Anders gesagt, man muss das verletzte *innere Kind* heilen. Das gilt für den Ablehner wie den Annehmer, nur in unterschiedlicher Färbung. Bei der Aufarbeitung kommen vor allem Methoden aus der *Tiefenpsychologie* wie *Psychoanalyse* und *Primärtherapie* zum Einsatz.

Die Verarbeitung von seelischen Verletzungen genügt aber nicht alleine. Einerseits muss *Negatives* abgebaut, andererseits *Gesundes* aufgebaut und verstärkt werden. Zum einen wird die *Vergangenheit bereinigt*, zum anderen die *Gegenwart neu geformt*. Diese beiden Grundprozesse werden hier in zwei getrennten Kapiteln beschrieben. Zwar geht die Aufarbeitung dem Neuaufbau insgesamt voraus, in der Praxis überlappen sie sich aber doch.

## Meditation

„Es schickt sich nicht, wütend zu sein!" – „Man hat sich zu beherrschen!" – „Zorn ist böse!" – „Wer die Kontrolle verliert, macht sich lächerlich!" – „Seine Wut zeigen, das tut man nicht!" Die meisten von uns haben mehr oder weniger stark solche negativen *Bewertungen* bzw. Verbote von Ärger verinnerlicht, nur ist uns das oft gar nicht bewusst. Diese Einstellungen fungieren als innere *Abwehr*, als Widerstand gegen den Ärger.

Ein wichtiger erster Schritt kann deshalb sein, das negative Bild des Ärgers im eigenen Inneren aufzuspüren und bewusst zu machen. Das weitere Ziel ist, die Bewertungen erst einmal abzubauen, zu lernen, seinen Ärger möglichst ohne Bewertung – wie ein *unparteiischer Zeuge* – wahrzunehmen. Dies ist eine Form der *Meditation*, d. h. eine Haltung von Achtsamkeit, Zentriertheit und Bewusstheit.

Das gilt vor allem für die *aggressionsgehemmten Annehmer* (Harmonie-Menschen). Bei ihnen ist die Ablehnung des Ärgers bzw. die Verdrängung besonders stark. Sie müssen wieder neu lernen, den Ärger in sich zu spüren, aber auch äußere Ärgernisse zu registrieren, Motto: „Der Zorn hat erst einmal recht." Ich muss ihn – als ein Stück von mir – ernst nehmen, auch wenn er nicht in mein Selbstbild passt.

## Harmonie-Typ: Übung Selbstwahrnehmung

Übung: Setzen Sie sich ruhig hin, entspannen Sie sich. Dann versuchen Sie, allen Ärger in sich aufzufinden:

- *im Fühlen: Unmut, Unlust, Unwille bis hin zum Hass*
- *im Wollen: Wünsche nach Kampf, Sieg oder Rache*
- *im Denken: andere als nicht o.k., als schlecht ansehen*
- *im Verhalten: (verstecktes) Verweigern, Anklagen, Intrigieren*
- *im Körper: Spannung und Druck, vor allem im Bauch oder Kopf*

Registrieren Sie einfach alles, möglichst ohne es zu bewerten oder zu analysieren.

Bei dem – eher aggressiven – *Ablehner* (Konflikt-Mensch) ist die Situation etwas anders. Zwar spürt er seinen Ärger und zeigt ihn, ja in übertriebener Weise. Dennoch hat auch er oft ein negatives Bild vom Ärger und leidet möglicherweise zusätzlich an *Ärger über seinen Ärger* oder an Schuldgefühlen. So muss auch mancher Ablehner seinen Ärger erst einmal akzeptieren lernen. Aber soll der Ablehner nicht seinen übertriebenen Ärger überwinden? Das ist kein Widerspruch. Einerseits kann man auf lange Sicht durchaus den Wunsch haben, Zorn und Aggressivität abzubauen. Andererseits müssen wir dazu aber zunächst unsere Wut *annehmen*. Man muss sich ihrer bewusst werden, sie zuzulassen, um sich mit ihr auseinander zu setzen und sie dann abzubauen.

So hilft die *Zeugenhaltung* auch dem Ablehner. Aber er soll sich bei aufsteigendem Ärger bewusst machen: Ist dieser Ärger echt oder nur die Übertünchung von Schmerz oder Angst? Liegt ein wirkliches Ärgernis vor, oder rege ich mich über eine Winzigkeit auf? Ist der Zorn nur eine Gewohnheit bzw. etwas mir Anerzogenes?

Vielleicht merkt der Ablehner bei der folgenden Übung, wie sich der Zorn im Licht des Bewusstseins aufzulösen oder zu verflüchtigen beginnt. In jedem Fall lernt er, den Wut-Automatismus zu durchbrechen. Und begreift: „Ich bin nicht die Wut."

**Konflikt-Typ: Übung Selbstwahrnehmung**

Schauen Sie sich Ihre Wut ganz bewusst an (wie in der vorigen Übung beschrieben), aber gehen Sie nicht in die Wut hinein.

- *Lassen Sie die Wut innerlich ablaufen wie etwas, das Sie nichts angeht.*
- *Identifizieren Sie sich nicht mit dem Ärger. Lassen Sie ihn wie eine dunkle Wolke vorbeiziehen.*
- *Spüren Sie nach, ob andere, tiefere Gefühle, z. B. Angst oder Traurigkeit aufsteigen.*
- *Lassen Sie diese Gefühle zu, auch wenn Sie Ihnen unangenehm sind.*
- *Nehme Sie Ihr Wehren gegen diese Gefühle wahr.*

## Gefühle rauslassen

Nun genügt es aber meistens nicht, seine Gefühle und die Abwehr gegen die Gefühle nur im Inneren aufzuspüren. Sondern man soll die Gefühlsabwehr überwinden und die Gefühle voll durchleben, sie rauslassen. Wir müssen dem unterdrückten und verstummten Kind in uns helfen, sich wieder zu äußern, seine seelischen Verletzungen auszudrücken. Dabei werden vor allem therapeutische Methoden wie Schreitherapie, Primärtherapie oder Bioenergetik (Körpertherapie) verwandt.

**Bioenergetische Übung zur Überwindung von Abwehr**

- *Stellen Sie sich breitbeinig hin, mit angewinkelten Oberschenkeln.*
- *Atmen Sie möglichst in den Bauch, jedenfalls nicht zu flach.*
- *Nach einiger Zeit wird die Haltung anstrengender und anstrengender.*
- *Die Beine beginnen zu zittern, später auch der Bauch.*
- *Wenn Sie es zulassen, werden mit dem Zittern bisher verdrängte Gefühle frei, wie Wut oder auch seelischer Schmerz. Lassen Sie den Gefühlen freien Lauf.*

Es geht zum einen darum, *verdrängte* alte Gefühle, vor allem aus der Kindheit, wiederzuerleben. Es geht aber auch generell darum, Zorn, Angst oder Schmerz als einen *normalen Bestandteil* des menschlichen Seelenlebens wieder einzuüben.

Dafür ist es wichtig zu lernen, das Gefühl nicht nur innerlich *zuzulassen*, sondern auch *auszudrücken*. Ein erster Schritt ist das *Aussprechen*. Der zweite Schritt ist das – laute – *Rauslassen*. Denn nur im vollen Ausdruck, z.B. durch Schreien oder Toben, lässt es sich auch voll erleben. Das erfordert, sich ins Gefühl hineinzustürzen, die Distanz aufzugeben. „Wer niemals außer sich geriet, wird niemals in sich gehen!" (Paul Heyse) Der stumme, verstummte Ärger muss laut und hörbar werden. „Schweigen ist die Arznei des Ärgers", heißt es in einem Sprichwort. Das vergisst man hier besser. Indem Sie den unterdrückten Zorn herausschreien, können Sie sich davon befreien. *Reden ist Silber, Schreien ist Gold.*

Sie dürfen einfach schimpfen und fluchen, was Ihnen einfällt. Durch laute Musik können Sie sich in „Stimmung" versetzen, Hemmungen überwinden und das Schreien nach außen übertönen. Durch Schlagen mit einem Kissen, auf eine Matratze oder einen Boxsack steigert man das Gefühl. Man braucht sich dabei nicht zu schämen oder genieren. Jeder hat ein Recht auf seine Wut. Ja, heißen Sie Ihre Wut willkommen! Feiern Sie einen „Tag des Zorns"!

Man kann sich beim Wüten innerlich vorstellen, gegen *Symbolgestalten* wie Drachen, wilde Tiere oder Monster zu kämpfen. Oft ist es aber wichtig, sich konkret Menschen aus dem eigenen Leben vorzustellen und die anzusprechen bzw. anzuschreien, vielleicht einen nervenden Arbeitskollegen. Das ist normalerweise besser als dies real im Büro zu tun. Toben Sie sich in Ihren Gedanken richtig aus, lassen Sie auch Rachewünschen freien Lauf. In der Phantasie ist alles erlaubt, selbst den „Gegner" zu schlagen. Dem anderen schadet es nicht – der Kampf findet ja nur in Ihrem Kopf statt –, aber Ihnen wird diese Befreiung von tiefem Groll viel nützen. Es folgen einige Beispiele, welche „Schrei-Sätze" Menschen helfen können:

**Übung aus der Schreitherapie:**

Schreien, brummen, zetern, brüllen Sie (mit steigender Lautstärke):

- *Nein! Nein! Ich will nicht! Haut ab! Lasst mich in Ruhe! Geht weg! Aus dem Weg! Macht Platz! Ich brauche Platz!*
- *Das lasse ich mir nicht mehr gefallen! Ich tue das, was ich will! Ich bestimme selbst mein Leben! Ich! Ich! Ich!*
- *Kümmert euch endlich um mich! Lasst mich nicht allein! Helft mir! Ich brauche euch!*
- *(Oder einfach): Ich hab 'ne Wut! Ich hasse euch!*

Schwierig kann es werden, wenn Sie vor Wut *überlastet* sind. Dann ist gewissermaßen das Ventil zu eng, und so besteht die Gefahr, dass die Wut nicht nach außen kann, sondern nach innen zurückgestaut wird. Hier muss man lernen, erst ein bisschen Zorn rauszulassen und dann immer mehr. Sonst fühlt man sich eventuell nachher noch zorniger als vorher.

Das Wiedererlernen des Zorns ist natürlich vor allem für den *Annehmer,* den Harmonie-Typ wichtig. Das angepasste oder verzweifelte Kind in ihm muss sich wieder trauen, seine Wut zu zeigen. In gewissen Grenzen gilt das aber auch für den überaggressiven Ablehner, besonders für den *verbitterten,* bei dem der Zorn gewissermaßen *festgefroren* ist. Dieser *chronische* Ärger muss aufgetaut, vom chronischen in einen akuten Zustand überführt werden, in dem er heilen kann. – Da stimmt auch Shakespeare zu: *Wenn kleiner Wind die kleine Flamme facht, so bläst der Sturm schnell Feu'r und alles aus.*

Selbst der cholerische Mensch profitiert von „therapeutischen Wutanfällen". Zwar geht es bei ihm letztlich darum, seine Angst und Verletztheit hinter dem Zorn wieder zu finden. Aber oft ist der einfachere Weg, in die Wut *hineinzugehen* und dann durch sie *hindurch.* Natürlich darf der Ablehner nicht in der Wut stecken bleiben. Deshalb ist es manchmal für ihn auch besser, *an der Wut vorbei* in tiefere Gefühle vorzustoßen. Und da zeigt sich, dass beim Ablehner – neben Gefühlen von Liebe – vielfach

Angst und Schmerz unter der Wut verborgen sind. Dieser *Urschmerz* löst sich in langem, tiefem Weinen, manchmal in einem leisen Wimmern, manchmal in so genannten „Urschreien".

Wie vor allem die *Primärtherapie* aufgezeigt hat: Im Allgemeinen ist es wichtig, den Zorn mit Erfahrungen aus der *Kindheit*, vor allem mit den eigenen *Eltern* in Verbindung zu bringen. *Rückführung* nennt man das. Wenn man sich z. B. über seinen Chef ärgert, kann dieser Zorn eigentlich dem eigenen Vater gelten, der ähnlich autoritär war. Der gegenwärtige Zorn auf den Chef sollte deshalb nicht nur *abreagiert* werden. Die Abreaktion (Katharsis) bringt zwar eine kurzfristige Befreiung. Aber dauerhaft löst sich der Zorn nur, wenn er auf den *alten, kindlichen* Zorn zurückgeführt und wenn dieser aufgearbeitet wird.

Es geht dabei nicht nur um frühere *Gefühle*, sondern auch um frühere *Erlebnisse*, also um die gesamte Szene, in der man früher verletzt wurde. Und für eine tiefe emotionale Aufarbeitung reicht es nicht, die alten traumatischen Erfahrungen wieder zu *erinnern*, sondern man muss sie *wiedererleben*. In so genannten *Primals* (Urerlebnissen) kann man Situationen aus der Kindheit mit allen Sinnen neu erleben, so als ob sie gerade stattfinden würden.

Man könnte meinen, der beste Weg, seine alten Kindheitsgefühle an die richtige Adresse zu bringen, sei, die *realen* Eltern damit zu konfrontieren. Mit den realen, oft betagten Eltern noch über die Verletzungen der Kindheit zu sprechen, hat manchmal Sinn, kann aber auch gründlich schief gehen. Vor allem, wenn man seine verletzten Gefühle herauslässt, wird man selten auf Verständnis stoßen. Besser ist eine Übung aus der Primärtherapie: zur Aufspürung der Kindheitserfahrungen die *Eltern anzusprechen*. Gemeint ist, die *Eltern in sich* (auch das Über-Ich oder Eltern-Ich genannt). Sprechen sie ruhig in der Kindersprache, auch wenn Ihnen das albern vorkommt: „Mami, ich bin wütend auf dich", „Papi, ich hasse dich" etc.

Die gefühlsmäßige Wiederbelebung der Kindheit ist ein schwieriger und auch nicht ganz ungefährlicher Prozess, der sich intensiv nur innerhalb einer *Psychotherapie* durchführen lässt. Es müssen vielleicht auch die *Geburt* und vorgeburtliche Traumata aufgearbeitet werden, die schon eine Wutprägung auslösen können. Außerdem ist der verdrängte Zorn auch körperlich gespeichert, so dass sein Wiedererleben mit heftigen körperlichen Reaktionen verbunden sein kann.

In gewissen Grenzen lässt sich dieses Wieder-Erleben von Gefühlen aber auch alleine oder mit einem vertrauten Menschen durchführen. Doch nicht jeder hat einen Raum, in dem er laut schreien kann (Vorsicht! Sonst schicken Ihnen ängstliche bzw. unwillige Nachbarn Polizei oder Nervenarzt vorbei.) Gut schreien kann man im Auto – manche sind ja ohnehin beim Fahren ständig am Schimpfen –, aber bitte nicht bei 180 km/h auf der Autobahn, wenn man seine volle Konzentration braucht.

Aber soll man sich wirklich noch einmal auf die Gefühle seiner Kindheit einlassen? Werden da nicht nur alte Wunden wieder aufgerissen? In der Tat ist diese Gefahr gegeben. Man sollte sich nur einer intensiven emotionalen Aufarbeitung der Kindheit stellen, wenn harmlosere Methoden nichts erreichen. Für eine gründliche Bereinigung ist so eine „emotionale Arbeit" aber sinnvoll. Man beschäftigt sich noch einmal intensiv mit seiner Vergangenheit, um sie dann weitgehend abzuschließen. Die in der Kindheit abgestoppten Ärgerreaktionen – aber auch die noch tieferen Trauerprozesse – werden *zu Ende gefühlt* und damit *zu Ende geführt*.

*Was verdrängt ist, äußert sich immer wieder.* Es ist besser, das Verdrängte, unseren „Schatten" (C. G. Jung), zu fühlen und aufzulösen, als dass die alten Konflikte sich in unsere Gedanken, Handlungen und Gefühle verweben, dass wir sie immer wieder ausagieren, indem wir z. B. ständig Streit anfangen. Wenn man intensiv die alten Gefühle und Erfahrungen durchlebt hat, erlebt man oft eine tiefe *Befreiung*. Alte Gefühlsmuster können sich lösen, der chronische Zorn verraucht, die ständige Ängstlichkeit verschwindet. Allerdings braucht es Zeit, bis sich negative Gefühle dauerhaft zurückziehen. Da ist die beschriebene *Zeugenhaltung* nützlich, also aufsteigenden Zorn weder verdrängen noch rauslassen, sondern still innerlich ablaufen lassen, ins Leere laufen lassen. Sonst kann man sich an ein Sprichwort aus China halten: „Jeden Tag ein Fluch erhöht das Glück und die Lebensdauer."

## Sich selbst erkennen

Das Wiedererleben alter Gefühle und Erfahrungen reicht aber oft nicht, um eine übertriebene Ärgerbereitschaft oder auch eine unerklärliche Ängstlichkeit zu überwinden.

Die Wut sitzt nicht nur im „Bauch", sondern auch im „Kopf" – Ausdrücke wie *Murrkopf, Hitzkopf, Brausekopf, Mollenkopf, Trotzkopf, Dickkopf, Dickschädel, Starrkopf* und *Querkopf* sprechen da eine deutliche Sprache. Es geht hier um bestimmte Gedanken oder Denkweisen, Einstellungen, Urteile und Vorurteile, die uns auf Ärger programmieren. Diesen Zorn im Kopf gilt es zu erkennen, zu erklären und zu überwinden. Entsprechend gilt es, die Angst im Kopf zu enttarnen. Es geht also um *Selbsterkenntnis*. Die Fragen lauten:

– Für den *Konflikt-Typ*: *Warum ärgere ich mich dauernd?*
– Für den *Harmonie-Typ*: *Warum bin ich so angepasst?*

Allerdings ist eine Analyse: „Ich ärgere mich, weil ..." nicht immer sofort angebracht. Auch das reine Betrachten des Zorns – ohne ihn zu analysieren – hat seinen Sinn. Vor allem muss man oft zunächst den Zorn richtig fühlen, erfühlen, durchfühlen – eine Analyse oder Deutung wäre hier nur Verdrängung, ein „Wegerklären". Idealerweise ergibt sich aus dem Fühlen des Zorns spontan eine Einsicht als *Aha-Erlebnis.* Ich fühle z. B. den Ärger über die „Bummelei" meiner Frau und plötzlich wird mir bewusst: Das ärgert mich doch nur so stark, weil ich schon als Kind immer endlos auf meine Schwester warten musste.

Nicht immer klappt das aber so mit den *Spontan-Einsichten.* Öfters braucht man eben auch eine sorgfältige geistige *Analyse* der Ärgergründe, nicht nur der Gedanken, sondern auch der Gefühle. Manchmal sind die Ursachen des Zorns sehr kompliziert, verwickelt und verborgen. Da müssen Sie schon gründlich mit dem Verstand in die Tiefe bohren, um auf den „Grund" zu kommen. Motto: *Graben – aber nicht grübeln!*

Die Wurzel des Zorns kann schon im Geburtstrauma oder noch früher zu suchen und zu finden sein. Jedenfalls werden eine lieblose Behandlung wie Füttern „nach der Uhr" oder „schreien lassen" ein Kind von Anfang an und damit dauerhaft frustrieren. Entscheidend ist dabei der Kontakt zur Mutter, ohne die Rolle des Vaters vernachlässigen zu wollen. Aber die Mutter ist zunächst das Ein-und-Alles für das Baby, seine ganze Welt – und damit das Tor zur übrigen Welt. Wenn der Kontakt zur Mutter primär Stress und Ärger bedeutet, prägt das (unbewusst) das gesamte Weltbild.

Beim älteren Kind sind dann die „Botschaften", Informationen und Gebote/Verbote der Eltern sehr wichtig. Der Psychologe Eric Berne spricht von einem *Lebensskript*, einem Drehplan fürs Leben, dem der Mensch – weitgehend – folgt wie ein Schauspieler dem Drehbuch. Aber meistens, ohne es zu durchschauen, fast wie *hypnotisiert*. Und es gibt eben sehr destruktive Skripts, die zu Ärger oder zu Angst verdammen. Zwar sind solche Negativ-Programmierungen grundsätzlich ähnlich, aber was den einzelnen Menschen genau ärgert, ist doch sehr unterschiedlich.

**Beispiele für Kampf-Programmierungen**

– Das Leben ist ein Krieg. Du musst ständig kämpfen!
– Alle wollen dich reinlegen. Pass auf!
– Du darfst dir nichts gefallen lassen!

**Beispiele für Anpassungs-Programmierungen**

– Du kannst nichts. Du musst dir von anderen helfen lassen!
– Wenn du wütend bist, mag dich keiner.
– Sei immer dankbar! Du hast kein Recht auf Zorn.

Es lohnt sich, solche Sätze genau zu analysieren. „Lass dir nichts gefallen" heißt eigentlich: „Finde an nichts Gefallen!" Insbesondere die *Psychoanalyse*, aber auch *kognitive Therapien* sind darauf spezialisiert, Erklärungen für unser Empfinden und Verhalten zu finden. Methoden der Psychoanalyse sind *freie Assoziation* und *Traumdeutung*. Bei der freien Assoziation spricht man alles aus, was einem in den Sinn kommt, egal wie unsinnig oder peinlich es einem vorkommt. Bei der Traumdeutung versucht man, die Symbole im Traum zu entschlüsseln. Dabei geht die Psychoanalyse von bestimmten, typischen Konflikten aus, z. B. dem *Ödipus-Komplex:* Der kleine Junge rivalisiert mit dem Vater um die Mutter, er ist wütend auf den Vater. Diese Wut auf den Vater oder überhaupt Vaterfiguren kann sich auch noch beim Erwachsenen zeigen, ohne dass ihm der Ursprung dieser Wut irgendwie bewusst ist.

Das Entschlüsseln der Vergangenheit, das „Dehypnotisieren" ist kein einfacher Prozess, gleicht zuweilen dem Gang durch ein Labyrinth. Und natürlich können dabei auch Irrtümer auftreten, vor allem *Rationalisierungen,* d. h. man gibt sich selbst eine falsche, schmerzvermeidende Erklärung, z. B. „Meine Eltern haben mich ins Heim gesteckt, weil sie mein Bestes wollten." Eine weitere Falle ist, dass man an alten Erklärungsmustern hängen bleibt. Der Mensch ist ein Gewohnheitstier, er gibt auch unangenehme Denkgewohnheiten ungern auf. Mit einem „Hab ich's doch gleich gesagt", „Da sieht man's mal wieder" bestätigen wir uns, dass die Erde ein Jammertal ist.

Trotzdem lohnt es, den Wegen des Zorns nachzugehen. Doch Vorsicht: „Schon wieder rennt der Zorn mit dem Verstande davon" (Lessing). Wenn einem die Wut zu Kopf steigt und das Denken verwirrt, ist es wichtig, mit kühlem Kopf zu analysieren, zu erklären und zu verstehen. Verstehen heißt zwar noch nicht zu verzeihen, aber es ist ein Schritt dazu. Übrigens, auch das Verständnis äußerer Ärgernisse ist von Nutzen. Wie der Philosoph Arthur Schopenhauer schreibt: „Von zehn Dingen, die uns ärgern, würden neun es nicht vermögen, wenn wir sie recht gründlich aus ihren Ursachen verständen und daher ihre Notwendigkeit und wahre Beschaffenheit erkennten."

## Psychotherapie und Gespräch

(Mit)geteilter Ärger ist halber Ärger. Wenn man richtig sauer ist, wie gut tut es dann, wenn einer verständnisvoll zuhört. Dem man sein Herz (oder seine Galle) ausschütten kann. Der einem bestätigt, dass man zu Recht empört ist, der sich mit uns – für uns – aufregt. Wir wollen einem anderen unser Leid *mitteilen* und es damit *teilen,* dass der andere uns etwas davon abnimmt und uns bei der Verarbeitung der Kränkung hilft. Es ist dies ein eigenständiges – *soziales* – Mittel gegen Ärger und Angst: *Kommunikation, Kontakt, Gespräch.*

Wichtig dafür ist allerdings, dass unser Gesprächspartner angemessen reagiert. Wenn er uns den Ärger oder die Angst nur *auszureden* versucht, sagt, man dürfe sich nicht so wichtig nehmen oder jeder sei selbst schuld, dann bringt das keine Erleichterung, sondern führt eher zu neuem Ärger und Streit mit ihm. Ein *guter Gesprächspartner* muss den anderen sein Gefühl loswerden lassen, sich „ausärgern" oder ausweinen lassen. Und er soll ihn emotional unterstützen. Zwar kann es wichtig sein, ihn zum Schluss auch auf eigene Fehler hinzuweisen, aber zunächst muss der verärgerte und gekränkte Mensch angenommen werden, nicht beurteilt und schon gar nicht verurteilt.

BEISPIEL FÜR EIN HILFREICHES GESPRÄCH

Georg: *Da hat mir doch schon wieder der Abteilungsleiter gesagt, ich müsste schneller arbeiten. Dabei hetze ich mich schon wie wahnsinnig. Aber das sieht der nicht.*

Lisa: *Das ist ja wirklich gemein von dem.*

Georg: *Ewig meckert der nur, nie sagt er mal was Positives.*

Lisa: *Du fühlst dich ungerecht behandelt.*

Georg: *Ja, wie viel ich auch arbeite, es ist nie genug.*

Lisa: *Ich kann deinen Ärger gut verstehen.*

Georg: *Es tut gut, mit dir zu reden. Ich fühle mich schon wieder etwas ruhiger und freier.*

Also, suchen Sie sich für ein solches Gespräch jemanden, bei dem Sie sich *aussprechen* können, der Sie *ausreden* lässt. Es ist die Gefahr, gerade bei extremer Kränkung, dass man sich zurückzieht, verstummt, von nichts und niemandem mehr etwas wissen will. Das kann einmal eine kurze Zeit berechtigt sein, aber dann sollte man sich unbedingt einem anderen anvertrauen. „Reden ist Silber, Schweigen ist Blech."

Manchmal hat man aber keinen geeigneten Gesprächspartner in Familie oder Freundeskreis. Und manchmal sind die Kränkung und der Leidensdruck so groß, dass man professionelle Hilfe braucht. Stichwort *Psychotherapie*. Denn die Fachleute für solche

Gespräche sind natürlich *Psychotherapeuten*, insbesondere *Gesprächstherapeuten*.

Vor allem der kämpferische Ablehner findet schwer den Weg zu Therapeuten. Er möchte seine Schwierigkeiten am liebsten selbst lösen, sich nicht helfen lassen. Der Annehmer dagegen nimmt gerne Hilfe in Anspruch, sein Problem ist, dass er zu passiv hofft, vom Therapeuten ohne eigene Anstrengung geheilt zu werden.

In Therapien findet oft eine *Übertragung* statt. D. h. der Patient *überträgt* Gefühle, die er für seine Eltern hat, auf den Therapeuten. Zum Beispiel erlebt der Patient seinen Therapeuten als streng und unnahbar, so wie sein Vater gewesen war, obwohl der Therapeut einen ganz anderen Charakter besitzt. Der Therapeut kann mit *Gegenübertragung* reagieren, er nimmt die Rolle an, verhält sich dann so, wie der Patient ihn einschätzt.

In unterschiedlichen Therapien gibt es unterschiedliche Vorstellungen, wie ein Therapeut sich verhalten soll. In der *Psychoanalyse* gilt diese Gegenübertragung als Fehler des Therapeuten, denn der soll sich neutral verhalten (Distanzregel). In anderen Therapien nimmt der Therapeut bewusst die Rolle z. B. des Vaters an, um den Patienten zu provozieren und damit zu seinen Gefühlen zu führen. Wiederum in anderen Therapien soll der Therapeut möglichst verständnisvoll und freundlich sein, damit der Patient Vertrauen findet und sich freiwillig öffnet.

Allerdings dient das Konzept der Übertragung manchen Therapeuten auch dazu, berechtigte Kritik des Patienten abzuwehren. Therapeuten sind auch nur Menschen, sie machen Fehler, aber oft nehmen sie diese selbst nicht wahr. Denn verführt von der Rolle des „großen Helfers" ergehen sie sich in *narzisstischen* Vorstellungen, dass sie selbst perfekt sind. Wenn ein Patient sich dennoch gegen Therapiefehler wehrt, etwa dem Therapeuten eine reale Kränkung vorwirft, behauptet der Therapeut, das habe nichts mit ihm zu tun, der Patient übertrage oder projiziere eben nur alte Gefühle auf ihn.

Ein solches unfaires Abblocken von Seiten des Therapeuten kann zu neuen schweren Kränkungen des Patienten führen, Kränkungen, die um so belastender sind, weil der Patient sich in der Therapie geöffnet hatte und glaubte, endlich einmal mit seinen Gefühlen ernst genommen zu werden. Während Ablehner eher kritisch zum Therapeuten eingestellt sind, neigen Annehmer dazu, dem Therapeuten alles zu glauben und dafür ihre eigene Gefühlswahrnehmung aufzugeben. In jedem Fall kann eine misslungene Therapie Ärger und Angst beträchtlich steigern. Daher ist man gut beraten, sich einen Therapeuten und die Therapiemethode sehr genau auszusuchen.

## 3. Das neue Ich

*Lasset die Sonne nicht über euerm Zorn untergehen.*
Eph. 4, 26

Wir haben gerade behandelt, wie man (alte) Ärgergefühle oder Angstgefühle in sich auflösen kann. Das ist der erste Schritt, wenn man mit reinen Verhaltensänderungen keinen Erfolg hat. Diese Aufarbeitung der Kindheit, die Heilung des inneren Kindes bedeutet: klar Schiff machen, das Alte bereinigen.

Aber oft genügt das nicht. Auch wenn diese Aufarbeitung gut verläuft, können dennoch weiterhin negative alte Gefühle, Wünsche, Gedanken oder Verhaltensweisen auftreten. Es tritt nicht automatisch nur Positives an die Stelle des Negativen.

Das *neue Ich* meint deshalb zweierlei:
● Ein neuer Umgang mit alten negativen Ich-Strukturen
● Neuaufbau und Förderung positiver Ich-Strukturen.

Was ist aber überhaupt das *Ich*? Das Ich ist kein einheitliches Gebilde. Aktuelle Methoden wie die *Voice-Dialogue-Methode* unterscheiden sogar viele verschiedene Ich-Stimmen in uns, die einen Dialog führen. Sigmund Freud unterschied drei Instanzen: *Ich, Es* und *Über-Ich*. Damit verwandt, aber direkter verständlich sind aus der *Transaktionsanalyse* die Begriffe *Kind-Ich, Eltern-Ich* und *Erwachsenen-Ich*. (Meine Darstellung modifiziert allerdings diesen Ansatz.)

- *Kind-Ich*: Es steht vor allem für Gefühle und (triebhafte) Wünsche.
  - freies Kind, das noch nicht traumatisiert ist, allerdings der Sozialisation bedarf
  - belastetes Kind, das angepasst, trotzig oder verzweifelt ist
- *Eltern-Ich*: Es steht vor allem für die Normen und Werte, welche die Eltern dem Kind anerzogen haben und die wie eine eigene Stimme (Gewissen) sprechen.
  - fürsorgliches Eltern-Ich, das nährt, schützt und hilft
  - kritisches Eltern-Ich, das kritisiert, einengt und fordert
- *Erwachsenen-Ich*: Es vermittelt zwischen Kind-Ich und Eltern-Ich sowie der Umwelt.
  - rationales Erwachsenen-Ich, das vernünftig urteilt und zielstrebig handelt
  - transpersonales Erwachsenen-Ich, das weise und spirituell ist.

Das Kind-Ich und das Eltern-Ich stehen vor allem für unsere *Vergangenheit,* das Erwachsenen-Ich für unsere *Gegenwart* (bzw. Zukunft). Ein negatives Gefühl wie Ärger kann nun einerseits aus dem (rebellischen) Kind-Ich kommen in Form von Trotz. Es kann aber auch aus dem (kritischen) Eltern-Ich kommen in Form von Kritik.

Ein „neues Ich" zu installieren verlangt also einerseits, mit negativen Anteilen des Kind-Ich und Eltern-Ich anders, nämlich konstruktiver umzugehen. Es verlangt andererseits, positive Anteile des Kind-Ich und des Eltern-Ich zu verstärken und vom Erwachsenen-Ich aus neue positive Strukturen aufzubauen.

*Neuer Umgang* bedeutet konkret: Wenn (schon aufgearbeitete) alte, negative Gefühle, Wünsche, Gedanken oder Verhaltensimpulse in einem hoch kommen, ihnen nicht selbstverständlich Raum geben, ihnen nicht automatisch folgen, sondern:
- sich das Alte ansehen, wie ein Zeuge, sich nicht mehr damit identifizieren
- das Negative hinterfragen, seine Ursachen analysieren
- sich klarmachen, das diese Negativ-Stimmen aus der Vergangenheit stammen.

Allerdings gelingt es nicht immer, auf diese Weise den alten Ärger loszulassen und loszuwerden. Dann heißt es: *sich besser ärgern.* Wenn man sich also schon ärgert, dann jedenfalls richtig. Soll heißen, so mit dem Zorn umgehen, dass
- man selbst möglichst wenig darunter leidet
- aber auch andere nicht unnötig unter unserer Wut leiden
- die Ärgerkraft konstruktiv genutzt wird, nicht zerstörerisch
- es nicht zum Dauerfrust, zu chronischer Verbitterung kommt.

Das wichtigste Grundprinzip ist hier, den Ausdruck seiner Wut zu *steuern,* variabel und flexibel in der Weise zu zürnen, die der Situation angemessen ist, also nicht immer das gleiche Zorn-Programm (z. B. Teller schmeißen) abspulen. Vergleichbares gilt selbstverständlich für eine übertriebene Ängstlichkeit und Angepasstheit.

*Neuer Aufbau* bedeutet: Wir beschäftigen uns nicht direkt mit dem *Negativen,* dem Ärger, sondern mit dem *Positiven.* Wir versuchen, unsere Freude – Lust, Liebe und Lachen – zu stärken. Das heißt auch, unserem natürlichen inneren Kind endlich Raum zum Wachsen zu geben. Konkret:
- Verborgene positive Gefühle, Bedürfnisse oder Gedanken ausgraben
- Diese positiven Komponenten „nähren", unterstützen, verstärken
- Neue „Glücks-Strukturen" durch lustvolle Erfahrungen aufbauen.

Diese „Positivierung" hat folgende Aspekte:
- Erstens als Ausgleich für (frühere) Wunden und Kränkungen,
- Zweitens um neue, positive, „ärgerresistente" Persönlichkeitszüge auszubilden,
- Drittens braucht jeder einfach immer wieder neue Freude als Seelennahrung.

Wichtig ist: Es geht nicht nur um angenehme Erfahrungen, sondern auch darum, die bisher nicht gelebten, *gegen-polaren* Anteile der Persönlichkeit zu unterstützen. Um sich so zu *ergänzen*, um *ganz* und damit „*heil*" zu werden. Der *Ablehner* soll also vor allem seine vernachlässigten zarten Seiten (Annehmer-Qualitäten), sein Yin fördern. Der *Annehmer* soll vor allem die Züge von Ich-Stärke, Selbstbewusstsein, Konfliktfähigkeit und Durchsetzung (Ablehner-Qualitäten), also sein Yang fördern.

Konkret geht es in diesem Kapitel um folgende Punkte: 1. Positive *Gefühle*, 2. Realistische *Bedürfnisse*, 3. Konstruktives *Denken* und 4. *Spiritualität*. Der Aufbau eines neuen *Verhaltens* wurde schon im 1. Kapitel von Teil II beschrieben unter der Überschrift: „Erfolgreiches Verhalten".

## Freude – das beste Heilmittel

Auch wenn man intensiv an seiner Kindheit gearbeitet hat, folgt daraus nicht, dass man sich nie mehr ärgert oder nie mehr berechtigten Ärger herunterschluckt. Und es garantiert schon gar nicht ein ständiges Wohlgefühl oder „High". Daher geht es auch bei der *Neugestaltung des Gefühlslebens* um zwei Aspekte:

- Neuer Umgang mit negativen alten Gefühlen
- Neuaufbau und Förderung positiver Gefühle.

*Neuer Umgang mit negativen Gefühlen* heißt:
Wenn negative Gefühle aus der Kindheit wie Ärger oder Angst in einem aufsteigen, muss man sich nicht automatisch in diese Gefühle hineinfallen lassen oder sogar hineinstürzen, sondern man kann nur „Beobachter" sein: sich das Gefühl ansehen, es vielleicht analysieren, in Verbindung mit der Kindheit bringen und wie eine Wolke vorbeiziehen lassen. Das ist keine Verdrängung. Gerade wenn man die alten Gefühle öfters durchlebt hat, braucht man sie nicht immer wieder voll durchlaufen zu lassen. Gefühle können auch zu – schlechten – *Gewohnheiten* werden, die eigentlich keine Basis mehr in der Gegenwart haben. Zwar soll man ein intensives Gefühl nicht dauerhaft blocken, aber es bedeutet auch keine Tugend, immer mit demselben *Gefühls-Ritual* zu reagieren.

Für den *Konflikt-Menschen* heißt das, nicht stets wie ein Zorn-Automat auch schon auf kleinste Kränkungen mit Aufregung und Empörung zu antworten. Und für den *Harmonie-Menschen* ist das Lernziel, nicht vor jedem Konflikt reflexhaft in Gefühle von Angst und Hilflosigkeit auszuweichen. Problematisch wird es immer, wenn sich Ärgerverhalten verselbständigt, sei es ein Rauslassen oder auch ein Drinnenlassen.

Und wenn man die Wut äußert: Es muss ja nicht immer gleich ein *Ausbrechen* sein, ein *Aussprechen* tut es häufig auch (zum Anfall kommt es meist nur, wenn man viel zu lange „geschluckt" hat). Man kann einfach nicht in jeder Situation kochen, sieden und schäumen, das kostet einen Kopf und Kragen oder wenigstens den Job. Manchmal ist es wirklich nötig, auf gebremsten Schaum zu wechseln, zur Schadensbegrenzung seine Entladung zu stoppen, nicht die Wände hochzugehen, sondern auf dem Teppich zu bleiben. Auch wenn man dabei den Zorn (kurzfristig) blockt und wegdrängt, es ist ein Riesenunterschied, ob ständig – automatisch und unbewusst – eine Verdrängung des Zorns abläuft oder ob wir uns bewusst dafür entscheiden, den Verdrängungsmechanismus einzuschalten und später wieder auszuschalten.

Die *hohe Kunst*, ein Gefühl zu steuern ist: es nicht zu blocken, sondern mit ihm zu gehen, jedoch selbst die Richtung zu bestimmen. Stellen Sie sich einen *Reiter* auf einem *Pferd* vor. Sein Ziel sollte nicht sein, den Willen des Pferdes zu brechen, ihm den eigenen Willen so aufzwängen, dass es zwar gehorsam, aber ohne Kraft und Temperament „am Zügel" geht, sondern sich der Bewegung des Tieres anzuvertrauen, jedoch selbst zu bestimmen, wo die Reise hingeht.

*Neuer Aufbau und Förderung positiver Gefühle* bedeutet vor allem zweierlei:
– *Verborgene Freude in sich wiederfinden und verstärken*
– *Freudige Neuerfahrungen.*

Was ist ein positives Gefühl? Der konfliktfreudige *Ablehner* mag denken, es ist das Gefühl von Überlegenheit und Sieg. Aber bei dem Neuaufbau des Ich soll er natürlich nicht diese seine kämpferischen Abwehrgefühle stärken, sondern vielmehr sanfte

Gefühle wie Zärtlichkeit, Liebe und Dankbarkeit pflegen. Umgekehrt geht es für den harmoniebedürftigen *Annehmer* nicht darum, sich in das gewohnte Geborgenheitsgefühl einzukuscheln, sondern Geschmack an Feelings von Befreiung, Ich-Stärke und Stolz zu finden.

Ablehner wie Annehmer haben aber verlernt, sich richtig, unbefangen und intensiv zu freuen. Von daher ist es für beide zentral wichtig, das *Elementargefühl Freude* wieder zu erlernen. Kaum ein Mensch hat ausschließliches Negatives in der Vergangenheit bzw. in der Kindheit erlebt. Nur ist die kindliche *Urfreude* häufig unter einem Berg von Zorn, Angst und Schmerz verschüttet. Oder sie ist zusammen mit den negativen Gefühlen verdrängt. Denn das hat die *Verdrängung* leider an sich: Wenn man seine negativen Gefühle verdrängt, beeinträchtigt das auch die angenehmen Gefühle. Nur wer sich seinen leidvollen Gefühlen stellt, kann sich auch richtig freuen. Pointiert: Nur wer weinen und schimpfen kann, kann auch herzhaft lachen.

Insofern kommt die Freude oft automatisch wieder zum Vorschein, wenn man die Verletzungen der Kindheit aufarbeitet. Es kann aber schwer sein, unter all dem Zorn und Schmerz die Freude wiederzufinden – das natürliche, fröhliche *innere Kind* hat sich meist ganz zurückgezogen. Wir müssen die Freude dann suchen, aufspüren, ausgraben. Und das schließlich befreite, vielleicht nur schwache Gefühl verstärken, es aussprechen, sogar rausschreien: „Ich freue mich. Ich bin glücklich. Ich liebe das Leben."

Paradoxerweise gibt es oft eine besondere *Abwehr gegen Freude*. Man will sich gar nicht freuen – so scheint es jedenfalls. In Wirklichkeit hat man nur Angst vor noch tieferem Schmerz, dem Urschmerz, der mit der Freude nach oben geschwemmt werden kann. Da sind Weinen und Lachen ganz nahe beieinander, die Tränen der Trauer gehen in die des Glücklichseins über. Das *Wiederfinden der Freude* tut auch deshalb – erst einmal – so weh, weil einem deutlich wird, wie sehr diese Freude zerstört wurde, wie viele Träume unbefriedigt blieben, wie viel man im Leben verpasst hat. In Therapien gibt es das Phänomen, dass Menschen an negativen Gefühlen festhalten, weil sie glauben, es könne gar nicht sein, dass sie sich freuen.

Damit kommen wir zu dem Punkt *positive Neuerfahrungen*. Denn das Suchen nach verborgener Freude aus der Kindheit bzw. nach dem glücklichen inneren Kind reicht nicht aus. Mancher hatte so eine schreckliche Kindheit, dass sich allzu wenig Freude daraus reaktivieren lässt. Es ist wesentlich, auch in seinem jetzigen aktuellen Leben freundliche und freudige Erfahrungen zu machen. Motto: „Finde heraus, was dir gut tut – und mache das." Das ist leichter gesagt als getan. Aber eine Übung aus dem NLP, dem *Neurolinguistischen Programmieren*, kann hier helfen, wenn man auch keine Wunder davon erwarten darf.

## Übung: Verankerung von Freude

- *Versetzen Sie sich in positive Stimmung oder machen Sie etwas, das Ihnen Spaß bereitet.*
- *Während Sie die Freude empfinden, machen Sie eine Handbewegung, z. B. drücken Sie Daumen und Zeigefinger einer Hand zusammen. Dies ist gewissermaßen Ihr „Anker".*
- *Die Bewegung müssen Sie öfters wiederholen, dadurch wird die Freude mit der Handbewegung verkoppelt bzw. nervlich verschaltet.*
- *Wenn Sie sich nun einmal schlecht fühlen, machen Sie die Anker-Handbewegung. Meistens fühlen Sie sich dann besser, das Negativgefühl wird gehemmt.*

Freuen ist auch deshalb schwierig, weil viele von uns noch zur Zeiten der *Lustfeindlichkeit* erzogen wurden: Man hatte ernst und ruhig zu sein, Fröhlichkeit war verboten, lautes Lachen galt als unpassend, Gefühlsüberschwang als peinlich. Zwar hat sich daran inzwischen manches geändert, es wurde sogar die „Spaßgesellschaft" ausgerufen, aber die Verteufelung der Lust ist in vielen von uns noch lange nicht überwunden. Außerdem, wer sich öffnet, riskiert, wieder verletzt zu werden. Es ist leichter, in seinem *Wut-Bunker*, hinter seiner *Zorn-Mauer*, bei seinem *Abwehr-Ärger* zu bleiben. Den kennt man, an den hat man sich gewöhnt. Sich wieder freuen heißt umdenken, umfühlen. Das bringt das mühsam erworbene Gleichgewicht in Gefahr.

Trotzdem, man muss es wagen: noch einmal neu anfangen, noch einmal mit Gefühl, noch einmal mit Lust: *Das Leben lieben lernen.* Freude kann den Zorn besiegen. Das weiche Wasser besiegt den harten Stein. Und keine Angst, dass Sie dabei Ihren Zorn gänzlich einbüßen. Denn wie Wilhelm Busch uns versichert: *Bemüh dich nur und sei hübsch froh, der Ärger kommt schon sowieso!*

## TIPPS FÜR POSITIVE GEFÜHLE

– *Es ist genug:* Eine ganz schlimme Ärgerfalle ist der *Perfektionismus.* Immer zu meinen, etwas wäre nicht gut genug, müsse noch besser, ja vollkommen sein. Das betrifft den Ablehner, aber auch manchen Annehmer, der perfekt sein möchte, um garantiert geliebt zu werden. Aber nichts ist optimal, weder an uns noch in der Welt. Wenn man dieser Illusion nachjagt, ist man zu ewiger Unzufriedenheit oder ständiger Sorge verdammt. Immer gibt es etwas zu verbessern. Sagen Sie sich: „Es reicht" – im doppelten Wortsinn. Akzeptieren Sie die (kleinen) Fehler an sich und anderen. Die Belohnung ist ein Gefühl tiefer Erleichterung.

– *Lach mal wieder: Humor* ist eins der besten Heilmittel gegen bitterböse und sorgenvolle Gefühle. Manchem tut schon die *Schadenfreude* gut. Schöner ist natürlich, wenn man zu einem wohlwollenden Humor findet. Am besten ist es, wenn wir auch über uns selbst lachen können (ohne uns auszulachen oder lächerlich zu machen). Versuchen Sie mal, Ihren Ärger wegzulachen. Natürlich gibt es Schicksalsschläge, über die wir weder lachen können noch sollen. Aber für den Klein-klein-Ärger lautet das Motto: *Humor ist Trumpf.* Heiterkeit lässt sich zwar kaum herbeizwingen, aber wir können sie verhindern, sie aussperren. Es gilt also, sich ihr zu öffnen, so dass ein Lächeln, ja ein Lachen in uns entstehen kann.

– *Geduld und Ungeduld:* Viel Ärger kommt beim „Konfliktler" daher, dass er zu *ungeduldig* ist, nicht warten will, vorwärts hetzt. Versuchen Sie doch einmal, etwas aus einer solchen Wartesituation zu machen. Beobachten Sie die Leute, oder entspannen Sie ein bisschen. Es gibt einen alt-ehrwürdigen (wenn auch nur halbwahren) Spruch: „Jede Erfahrung zählt gleich." Auch das Stehen in einer Warteschlange. Das Leben, Ihr Leben findet dort statt, wo Sie sich gerade befinden, und in dem Moment, hier und jetzt. Z. B. vor einer roten Ampel. Genießen Sie das Leben vor der roten Ampel. Und genießen Sie die „Entdeckung der Langsamkeit". Wenn Sie allerdings zu den allzu duldsamen „Harmonikern" gehören, die nicht einmal aufzumucken wagen, obwohl sich drei Leute vordrängeln, dann ist Ihnen von noch mehr Geduld dringend abzuraten. Lernen Sie stattdessen Dynamik, Tempo und Power zu genießen!

- KONFLIKT-TYP
  Für den Konflikt-Typ ist es besonders wichtig, Gefühle von Zärtlichkeit, Dankbarkeit und Bindung zu pflegen. Indem er seine zarten Gefühle, seine sanfte Seite, sein Yin stärkt, wird er zu einer vollständigen, ganzheitlichen Persönlichkeit.

- HARMONIE-TYP
  Für den Harmonie-Typ ist dagegen das Lernziel, positive Power-Gefühle zu üben und zu verstärken: Fühlen Sie sich selbstbewusst, stark, wertvoll, wichtig, durchsetzungsfähig. Bejahen Sie Ihre „starke Seite". So ergänzen Sie Ihr Yin mit dem notwendigen Yang.

## Wünsch dir was!

Wenn man zufrieden sein will, muss man möglichst seine Wünsche erfüllen. Für das Thema Ärger bedeutet es vor allem: Man muss die Wünsche nach *freier Selbstentfaltung* und nach *Selbstachtung* befriedigen. Für das *neue Ich* heißt das konkret wiederum: erstens *neuer Umgang* mit alten Wünschen, zweitens *Neuaufbau* positiver Wünsche.

*Neuer Umgang mit alten Kinder-Wünschen:* Alte Bedürfnisse oder Wünsche aus der Kindheit müssen nicht negativ sein. Wir haben über das *Kind-Ich* und seine verschiedenen Strukturen gesprochen: natürliches Kind, rebellisches Kind, angepasstes Kind und verzweifeltes Kind. Je nachdem, können wir verschiedene kindliche Bedürfnisse unterscheiden.

– *Ungestillte Bedürfnisse*
Wenn man in der Kindheit unterdrückt wurde, blieben bestimmte Wünsche, z. B. nach liebevoller mütterlicher Zuwendung, unerfüllt, schließlich wurden sie verdrängt. Diese Wünsche können, insbesondere in einer Therapie, wieder bewusst werden. Und damit die Sehnsucht, etwas versäumtes Kinderglück nachzuholen, eine Art *zweiter Kindheit* zu erleben. Es ist umstritten, ob in der Kindheit nicht gestillte Wünsche nach Liebe oder Geborgenheit sich später noch befriedigen lassen und ob das nützlich ist. In manchen Therapien wird dem Patienten die Chance geboten, noch einmal eine Zeit lang „Kind zu sein", vom Therapeuten *neu beeltert* zu werden („Reparenting"), doch das ist die Ausnahme. In einer guten Partnerschaft darf man sich aber ruhig einmal von seinem Partner *bemuttern* bzw. *bevatern* lassen, nur soll das natürlich nicht zum Dauerzustand werden. Man kann allerdings auch selbst – von seinem Eltern-Ich oder Erwachsenen-Ich aus – dem inneren Kind Zuwendung und Achtung schenken.

– *Ewige Bedürfnisse*
Es gibt aber auch kindliche Bedürfnisse, z. B. nach ausgelassenem Spiel, die man sich als Erwachsener erhalten und immer wieder erfüllen sollte. Sie stammen aus dem „natürlichen Kind-Ich". Hier gilt es, das *Kind im Manne*, aber auch das *Kind in der Frau* zu pflegen: dem kleinen fröhlichen Mädchen oder dem lebhaften Jungen in uns mehr Raum geben. Ruhig mal Unsinn machen, herumtollen, spielen – auch wenn das „unvernünftig" oder „kindisch" scheint.

– *Unreife Bedürfnisse*
Manche Bedürfnisse aus der Kindheit sind für einen Erwachsenen aber nicht mehr angemessen, etwa ständig behütet und beschützt zu werden. Auch wenn ein solches Bedürfnis in der Kindheit unbefriedigt blieb, man muss es überwinden bzw. in eine erwachsene Form überführen, am besten in einer partnerschaftlichen Beziehung, sonst drohen neue Enttäuschung und

neuer Ärger. Hierbei sind vor allem *unbewusste* Wünsche problematisch: Beispielsweise hatte eine Frau einen lieblosen Vater. Aber anstatt sich zum Ausgleich nun einen besonders liebevollen Partner zu nehmen, sucht sie sich einen gefühlskalten Partner, der dem Vater gleicht, und versucht dann, den Partner zu verändern. Dies ist ein *symbolisches* Handeln, denn eigentlich versucht sie immer noch, den Vater zu einem liebevollen Menschen umzuformen. Das kann nicht gelingen, sondern führt zu einem *Wiederholungszwang*, konkret zu einer gescheiterten Beziehung nach der anderen.

– *Destruktive Bedürfnisse*
Es gibt aber auch eindeutig zerstörerische Bedürfnisse, vor allem aus dem verletzten Kind-Ich, z. B. das Bedürfnis, bestraft zu werden. Manche Menschen agieren solche Bedürfnisse aus wie im *Masochismus*. Für den Aufbau eines gesunden Ich ist das aber kontraproduktiv, solche Wünschen sollten losgelassen und überwunden werden.

*Neue positive erwachsene Wünsche entwickeln bzw. seine Wünsche kultivieren.* Das ist der zweite Punkt. Durch Traumata in der Kindheit wird die Entwicklung der Persönlichkeit partiell unterbrochen, so dass man sein Selbst nicht entfaltet, nicht verwirklicht. Manch einem ist als Kind nicht nur vorgeschrieben worden, was er *tun* sollte, sondern auch, was er *wollen* sollte. Oder ihm wurde suggeriert, du willst bestimmt das und nicht jenes. Da gilt es, erst einmal herauszufinden, was man selbst wirklich will. Es gibt also Neues zu entdecken. Vielleicht hat man Talente, Begabungen und Interessen, von denen man noch gar nichts ahnte.

Das Grundprinzip ist: Man muss sich etwas gönnen. Seien Sie gut zu sich! Nehmen Sie Ihre Wünsche ernst! Sauer macht nicht lustig. *Lust* macht *lustig*. Wenn Sie stets nur das tun, was nützlich, praktisch oder zeitsparend ist, aber keine Lust bringt, ist es nicht verwunderlich, dass Sie *unlustig* oder *lustlos* werden, dass sich Ärger oder Depression breit machen.

Natürlich kann man nicht immer nach dem *Lust-Prinzip* leben. Aber immer nur nach dem *Realitäts-Prinzip* zu handeln, führt schnell zum *Frust-Prinzip*. In einer hoch industrialisierten

Gesellschaft wie der unsrigen besteht die Gefahr, alles zu funktionalisieren. Man übernimmt die Strukturen und Normen der Arbeitswelt in sein eigenes Leben, auch da wird rationalisiert, ökonomisiert, maximiert. Es gilt, eine Mitte zwischen *Pflicht und Neigung* zu finden.

Anders gesagt: Ihr *Erwachsenen-Ich* muss einen Ausgleich finden zwischen dem *Kind-Ich* und dem *Eltern-Ich* sowie der Umwelt. Wenn Sie immer dem natürlichen Kind (Lust-Prinzip) folgen, wird das strenge Eltern-Ich Sie durch Schuldgefühle bestrafen. Wenn Sie stets dem kritischen, einschränkenden Eltern-Ich (Realitäts-Prinzip) folgen, wird das innere Kind verstummen oder sich als rebellisches Kind-Ich rächen. (Die Begriffe „Lust-Prinzip" und „Realitäts-Prinzip" stammen von Sigmund Freud. Ich verwende sie in einer vereinfachten und modifizierten Weise.)

## TIPPS FÜR ERFOLGREICHE WÜNSCHE

– *Das rechte, mittlere Maß:* Stecken Sie sich ruhig hohe Ziele. Traumziele können einen beflügeln. Aber die Ziele dürfen nicht so extrem sein, das man scheitern muss. Wer Riesen-Erwartungen, Vollkommenheits-Wünsche oder Alles-oder-Nichts-Prinzipien hegt, der muss unzufrieden werden.

– *Kongruente Wünsche:* Hüten Sie sich vor allzu *widersprüchlichen* Wünschen. Wenn man einen Wunsch verfolgt, muss man normalerweise dafür auf die Erfüllung anderer, gegensätzlicher Wünsche verzichten. Die Engländer haben einen Spruch (der übersetzt lautet): „Du kannst deinen Kuchen nicht gleichzeitig aufessen und aufbewahren." Man muss Prioritäten setzen und sich entscheiden.

– *Echtheit:* Nur *echte* Wünsche bringen letztlich Befriedigung. Wenn Sie auf *Ersatz-Bedürfnisse* setzen, erzielen Sie logischerweise auch nur *Ersatz-Befriedigung*. Es tritt dann bei Erfüllung des Wunsches keine wirkliche Zufriedenheit ein, meist bleibt ein schales Gefühl zurück. Natürlich ist es nicht immer leicht, echte und unechte Bedürfnisse zu unterscheiden, man muss in sich hineinhorchen.

- KONFLIKT-TYP
  Für den Konflikt-Typ ist es vor allem wichtig, Bedürfnisse nach Bindung, Gemeinschaft zuzulassen, zu vertiefen und zu leben. Riskieren Sie sogar einmal den Wunsch nach Unterlegenheit! Es gibt auch eine Poesie des Verlierens, eine Schönheit der Niederlage, einen Gewinn im Verlust.

- HARMONIE-TYP
  Für den Harmonie-Typ steht im Vordergrund, Wünschen nach Selbstständigkeit, Abgrenzung, sogar nach Auseinandersetzung und Streit Raum zu geben. Trauen Sie sich, einmal Sieger sein zu wollen.

## Positiv denken

Zum einen drückt sich Zorn auch in aggressiven Gedanken, Vorstellungen, z.B. Rachephantasien aus. Zum andern können bestimmte Denkstrukturen und Einstellungen Aggressivität verursachen oder mindestens begünstigen. Im ersten Schritt galt es, diese *geistige Wut* zu durchschauen, im zweiten gilt es jetzt, sie zu verändern. Entsprechend gilt es, die geistige Komponente von Angst und Anpassung gezielt zu wandeln. Denn leider folgt aus der *Einsicht* in negative Denkstrukturen noch nicht zwangsläufig die Veränderung zum positiven Denken, man muss daran arbeiten.

Auch hier geht es natürlich wieder um die *Doppelstrategie*: einerseits ein *neuer Umgang* mit negativen alten Einstellungen und Vorurteilen, andererseits die Verstärkung und der *Neuaufbau* positiver Gedanken und Vorstellungen.

Erinnern Sie sich an die häufigsten *Grund-Einstellungen*?
- Konflikt-Mensch: Ich bin o.k., du bist nicht o.k.
  D.h. der Konflikt-Mensch sieht sich als stärker oder besser als andere Menschen an.
- Harmonie-Mensch: Ich bin nicht o.k., du bist o.k
  D.h. der Harmonie-Mensch hält sich für schwächer oder schlechter als andere.

- Ausgeglichener, integrierter Mensch: *Ich bin o.k., du bist o.k.* Der ausgeglichene Mensch hat also eine positive Einstellung zu sich selbst und anderen.
  Und nur so können letztlich auch Ärger und Angst überwunden werden.

Daraus folgen die *Lernaufgaben* für den Konflikt-Menschen und den Harmonie-Menschen.

## HARMONIE-TYP: „ICH BIN *NICHT* O.K." → „ICH BIN O.K."

Wenn man die Einstellung hat „Ich bin nicht o.k", neigt man zu Angst und Schuldgefühlen. Häufig verurteilt man sich für seine Fehler und sieht sich als Versager. Der Harmonie-Mensch muss lernen, ein *positives Selbstbild* aufzubauen oder anders gesagt: sich zu akzeptieren, ja zu mögen, was natürlich neben Gedanken auch Gefühle umfasst.

Aber wie? Wir haben schon gesehen: Manchmal muss man sich erst dem Negativen, von Minderwertigkeitsgefühlen bis zum Selbsthass stellen und diese Gefühle durcharbeiten. Dann gilt es aber, den Negativgedanken entgegenzusteuern. Weniger durch Abblocken, obwohl das viele empfehlen. Sondern indem wir ihnen positive Vorstellungen gegenüberstellen. Stichwort *„Positives Denken".* Dessen Erfolge werden zwar oft maßlos übertrieben und es wird häufig zur Verdrängung missbraucht. Richtig angewandt, hilft diese Methode aber, sich „umzuprogrammieren". *Don't worry, be happy!*

Konzentrieren Sie sich auf Ihre Stärken, machen Sie sich klar, was Ihre guten Eigenschaften sind, was Sie alles können. Das kann man ruhig einmal aufschreiben. Und sich dann mit positiven Aussagen, so genannten *Affirmationen* bestätigen: „Ich bin o.k. Ich brauche mich nicht mit Vorwürfen und Schuldgefühlen zu ärgern. Es ist gut, was ich tue. Ich habe ein Recht darauf, mich gut zu fühlen. Ich mag mich."

Andererseits sollten Sie nicht andere Menschen unkritisch idealisieren oder die ganze Welt verklären, so nach dem Motto: „Alles ist gut. Wir leben in der besten aller möglichen Welten." Weder ist alles gut noch ist alles schlecht.

130

## KONFLIKT-TYP: „DU BIST *NICHT* O.K." → „DU BIST O.K."

Wenn Sie die Grundeinstellung haben: „Du bist nicht o.k.", dann ärgern Sie sich vor allem über die Mitmenschen, das Leben oder das Schicksal. Auch hier gilt es, von der *Negativfixierung* wegzukommen. Sie sollten von den anderen nicht immer gleich das Schlechteste erwarten, sondern ihnen grundsätzlich mit einem „Du bist o.k" begegnen, ohne Negatives schönzufärben – denn alles durch die rosa Brille zu sehen, ist kaum besser, als sich schwarz zu ärgern. Aber auch hier gilt einzuschränken: Ein paar schöne Gedanken machen aus „Ein Mann sieht rot" noch nicht „Ein Mann sieht rosa".

Viele Konflikt-Menschen fühlen sich zwar im tiefsten Inneren klein und schwach, flüchten vor diesen frustrierenden Minderwertigkeitskomplexen in eine *narzisstische Selbstüberheblichkeit*, ja in einen *Größenwahn*: „Ich bin der Größte, ich bin der Beste." Das sind unrealistische Einstellungen, die auf Dauer nur zu neuen Enttäuschungen und Verärgerung führen. Vermeiden Sie ein Alles-oder-Nichts-Denken, obwohl das durch seine Einfachheit anziehen mag.

Gedanken und Einstellungen haben einen großen Einfluss auf unser gesamtes Befinden und Verhalten. Man darf sie aber auch nicht verabsolutieren. Wir lesen in manchen Büchern von der *Macht der Gedanken* und dass jeder Gedanke sich wie von selbst verwirklicht. Das ist so falsch wie gefährlich, eine Art von *Magie*. Überhaupt spielen solche Gedankenlehren eine große Rolle beim *Aberglauben*. Natürlich ist im Einzelnen umstritten, was zum Aberglauben zählt. Für den einen ist etwa Astrologie eine Wissenschaft, für den anderen ist das reiner Hokuspokus. Aber bei bestimmten Methoden wie Handlesen oder Kartenlegen ist man sich wohl einig, dass es sich dabei um Aberglauben handelt. Viele Menschen halten Aberglauben zwar für eine Hilfe in einer unüberschaubaren Welt, aber Aberglauben und Okkultismus lösen doch auch viel Ärger und Angst aus. Wer eine negative Vorhersage erhält und daran glaubt, wird leiden. Und er wird vielleicht sogar unbewusst selbst die Vorhersage wahr machen. Wenn man fest an den vorhergesagten Ehestreit glaubt, löst man ihn womöglich selbst aus.

Es geht hier um so genannte *sich selbst erfüllende Prophezeiungen* (bzw. sich selbst widerlegende Prophezeiungen). Diese treten nicht nur bei Aberglauben auf, sondern vielfach in unserem Denken. Man will z. B. ein neu gekauftes Buch zurückgeben. Und redet sich ein, dass es bestimmt Schwierigkeiten gibt, ja geben muss. Damit erfolgt eine innerliche Einstellung auf Kampf und so gehen wir direkt aggressiv auf den Verkäufer los und sagen: „Ich bestehe darauf, dass Sie das Buch zurücknehmen." Und dann gibt es wirklich Ärger. Der wäre gar nicht notwendig gewesen, wenn wir freundlich unseren Rückgabewunsch begründet hätten. Aber da wir uns prophezeiten, es müsste zu Streit kommen, verhielten wir uns so, dass die Vorhersage auch in Erfüllung ging.

Vermeiden Sie solche *sich selbst erfüllende Ärgerprophezeiungen!* Denken Sie nicht den Ärger selbst herbei! Und gegen negativen Aberglauben schützt man sich am besten, indem man nicht daran glaubt. Besser ist es, seine Erwartungen kritisch zu überprüfen oder überhaupt ohne zu feste Erwartungen an die Welt herangehen. Denn erstens kommt es anders, und zweitens als man denkt, und drittens ärgert man sich dann darüber.

Ähnlich ist es mit der Ängstlichkeit des Annehmers: Wenn ich denke, ich werde abgelehnt, dann werde ich auch leicht abgelehnt. Nicht wegen irgendeiner Gedankenmagie, sondern weil ich mich unattraktiv verhalte. Wenn man sich als Opfer anbietet, werden sich aggressive Zeitgenossen finden, die einen auch zum Opfer machen.

Für Ablehner wie Annehmer ist es also wichtig, sich ganz bewusst von bestimmten negativen Gedanken, Vorstellungen und lieb gewordenen Vorurteilen zu verabschieden. Wenn man (wie beschrieben) unter einem destruktiven *Skript*, also unter einem selbstzerstörerischen „Drehplan fürs Leben" leidet, muss man ein *Gegen-Skript* bzw. ein neues Skript entwickeln und die alte Rolle ablegen.

## TIPPS FÜR EIN FREUNDLICHES DENKEN

Konflikt-Typ:

– *Relativierung:* Machen Sie sich klar, dass Ihr Ärger im Vergleich zu etwas anderem nicht so wichtig ist. Z. B. im Vergleich mit dem viel größeren Missgeschick Ihres Freundes oder angesichts des Glücks, das Sie neulich in der Lotterie hatten, oder eben angesichts der unendlichen Weite des Universums – was zählt da noch Ihre kleine Ungelegenheit?! Allerdings hilft diese Methode nicht immer. Wie schon ein altes Sprichwort sagt: „Was nützt mir die Weite des Himmels, wenn meine Schuhe zu eng sind."

– *„Wenn nur das nicht passiert wäre":* Das ist vielleicht die schlimmste *Ärgerfalle.* Zu meinen, *ein* bestimmtes Ereignis in der Vergangenheit habe alles Unheil ausgelöst. Und immer wieder sich zu ärgern: „Wenn ... wäre ... hätte ..." Aber unser Un-Glück hängt (fast) nie von einem einzigen Ereignis ab. In jedem Fall muss man einfach akzeptieren, dass das Vergangene nicht mehr ungeschehen zu machen ist.

– *Wem nützt es?* Wem nützt bzw. schadet Ihr Ärger? „Sich über andere Leute ärgern heißt, deren Sünden an sich zu bestrafen", sprach ein unbekannter Weiser. Und das ist genau der springende Punkt. Oft ist dem anderen mein Groll völlig egal, wenn er ihn überhaupt mitkriegt; oder er freut sich sogar darüber, wenn er mich nämlich ärgern wollte. Ich dagegen leide in jedem Fall unter meinem Ärger.

Harmonie-Typ

– *Du bist nicht allein:* Der Harmonie-Mensch hat stets Angst, abgelehnt oder verlassen zu werden, besonders wenn er „egoistisch" und widerspenstig seine eigenen Wünsche verfolgt. Der Harmonie-Typ muss erkennen, dass er stärker ist als er glaubt. Und dass Selbstbehauptung nicht automatisch zum Liebesentzug der anderen führt. Ja, dass ein selbstbewusstes Auftreten ihm womöglich mehr Wertschätzung einbringt, als er für seine Anpassung jemals bekam.

– *Kreislauf des Misserfolgs:* Es gibt einen Kreis des Erfolgs: Wenn ich erfolgreich bin, erziele ich spielend leicht neue Erfolge. „Nichts macht so erfolgreich wie der Erfolg." Aber es gibt umgekehrt einen (Teufels-)Kreis des Misserfolgs, dass ein Misserfolg den nächsten auslöst. Dabei hängen Erfolg und Misserfolg weitgehend von der eigenen Darstellung und Interpretation ab. Achten Sie auf Ihre Stärken und stellen Sie sie offensiv dar! Dann werden auch andere Sie als erfolgreich(er) ansehen. Wer sich als Loser darstellt, wird auch als Verlierer behandelt.

– *„Wer sich nicht wehrt, lebt verkehrt".* Dieser Alte Sponti-Spruch wäre für den Ablehner kontraproduktiv, aber dem Annehmer kann er helfen. Wenn man immer einverstanden ist, wenn man zu allem „ja und amen" sagt, sich nur „nickend" durchs Leben bewegt, dann kann etwas nicht stimmen. So viel Harmonie gibt es nicht im realen Leben. Hier gilt es, die rosa Brille einmal abzunehmen und mit einem „Willkommen in der Wirklichkeit" seine Illusionen zu verabschieden. Es gibt auch eine Zeit des Kämpfens.

## Spiritualität

Anders als Gefühle, Wünsche und Gedanken gehört *Spiritualität* nicht unbedingt zum Seelenleben des Menschen. Spiritualität ist vielmehr eine Haltung, die sich normalerweise erst aus einer Persönlichkeitsreifung ergibt. Beim Neuaufbau des Ich kann Spiritualität sehr wertvoll sein. Allerdings gibt es auch missglückte spirituelle und religiöse Entwicklungen, die zu Angst oder Zorn führen und die zu überwinden sind.

Bei all den vielen unterschiedlichen Formen von Spiritualität kann man konstatieren:

Sie beinhalten eine Art von *Akzeptieren* oder *Annehmen*, das unser Fühlen, Denken und Verhalten betrifft. Es bedeutet: damit einverstanden sein, dass die Dinge so sind, wie sie nun einmal sind. Weniger bewerten, vor allem etwas Unbekanntes, Ungewohntes oder Unangenehmes nicht gleich abwerten; sondern uns mehr auf die Erfahrung einlassen – vielleicht führt sie uns ja zu positiven neuen Erlebnissen und Entwicklungen. Dieses Annehmen kann auch sehr hilfreich sein, um Ärger und Angst zu überwinden. Man mag sogar so weit gehen zu behaupten, dass nur durch eine Akzeptanz des Lebens letztlich eine Zufriedenheit erreicht wird.

Ein Annehmen kann zwar auch *pragmatisch-rational* begründet sein, dass man es einfach vernünftig findet, nicht zu kämpfen, weil die Erfolgschancen zu schlecht sind. Weil ich einsehe, dass ich – jedenfalls im Moment – nichts gegen ein Problem unternehmen kann oder weil der Aufwand für ein Wehren zu groß wäre.

Häufiger ist das Akzeptieren aber Ausdruck von *Spiritualität* oder *Religiosität*. Der Gläubige überantwortet sich seinem *Gott*, baut darauf, dass das Ärgernis in irgendeiner Weise Gottes Wille und damit gut sei, auch wenn ihm die Wege des Herrn unbegreiflich scheinen: „Dein Wille geschehe." Andere fühlen sich als Teil einer *kosmischen Ganzheit*, in der nichts ohne (höheren) Sinn geschieht. Man mag sich aber auch nur – existentialistisch – der „zärtlichen Gleichgültigkeit der Welt" hingeben, wie es der Philosoph Albert Camus formuliert hat. Berühmt aus der Geschichte ist auch die „stoische Ruhe", der *Stoizismus* eines Seneca und Marc Aurel, die Forderung nach völliger Gemütsruhe allen Widrigkeiten des Lebens gegenüber.

Dieses *spirituelle Annehmen* darf nicht mit der Haltung des *Annehmers* verwechselt werden. Der Annehmer akzeptiert, weil er Angst vor Konflikten hat, weil er sich Harmonie und Anerkennung wünscht, oder auch nur aus Resignation, was eher ein *Hinnehmen* als ein Annehmen bedeutet.

Der spirituelle Mensch bejaht dagegen die Welt auf Grund einer *Verbundenheit mit dem Sein*, weil er sich eins mit dem Leben fühlt. Insofern kann es auch für den *Annehmer* wichtig sein, *richtig akzeptieren* zu lernen. Das klingt zunächst paradox und ist nicht ganz leicht zu verstehen. Oberflächlich gesehen sagt der Annehmer zu allem ja. Aber tiefer betrachtet, bedeutet auch die Angst und die Anpassung des Annehmers ein *Abwehren* – insbesondere eben ein Wegdrängen von Zorn. Der Annehmer ist also keineswegs automatisch ein spiritueller Mensch.

Vor allem ist aber der *Ablehner* angesprochen, der eben ständig ablehnt, er muss akzeptieren lernen. Es geht um den (alten) Kämpfer, der überall einen Gegner oder Angriff wittert. Im Extrem geht es um den *Michael-Kohlhaas-Typ*, der sich als Querulant und Prozesshansel von einer Fehde in die nächste stürzt.

„Es ist unmöglich, jemandem ein Ärgernis zu geben, wenn er es nicht nehmen will", heißt es bei dem Kulturphilosophen Friedrich Schlegel. Und ähnlich bei dem Dichter Friedrich Rückert: „Ein Ärgernis ist nur, wo man es nimmt, gegeben; dir Vorgeworfnes brauchst du ja nicht aufzuheben." Das ist zwar überpointiert, aber doch bedenkenswert. Man kann nicht alles bekämpfen und schon gar nicht alles besiegen. Vor allem ist es unsinnig, die Welt, das Leben oder das Schicksal als Ganzes anzugreifen, als ob es ein *persönlicher Gegner* wäre, der einem übel wolle. Dem Leben ist mein Protest völlig egal, er schadet nur mir selbst. Und man braucht gar nicht immer zu kämpfen. Es bedeutet eine große Freiheit, die *Wutwaffe* aus der Hand zu legen, sich nicht mehr mit allem anzulegen, die Mitmenschen und sich selbst so sein lassen, wie sie eben sind.

Zum Annehmen gehört *Verzeihen*: anderen, aber auch sich selbst verzeihen. Vor allem der Ablehner tut sich schwer mit dem Verzeihen, er will und kann seine Vorwürfe, seine Gekränktheit nicht loslassen. Eine spirituelle Haltung kann helfen, auch Sachen zu verzeihen, die eigentlich unverzeihlich sind. Das ist eine große Entlastung. Denn nicht verzeihen können, nachtragend zu sein, bedeutet dauernden Ärger. Und wenn man jemandem ewig etwas *nachträgt*, so ist das ganz wörtlich zu verstehen: Man muss ihm etwas *hinterher tragen* – wie ärgerlich!

Aber die (innere) Versöhnung – gerade auch mit den Eltern – braucht oft Zeit; mancher muss erst erkennen, dass sein Verzeihen nur Schein war. Das gilt gerade für den Annehmer, der die Austragung eines Konfliktes scheut. Es gibt eine *falsche Versöhnung*, man versöhnt und verträgt sich oberflächlich, aber im Innersten bleibt der Zorn, wenn auch häufig unbewusst. Vor allem die Therapeutin Alice Miller hat davor gewarnt, dass man sich zu einer vorschnellen Versöhnung zwingt oder vom Therapeuten dazu gedrängt wird, denn einige Therapien, wie die *Familienaufstellung* nach Bernd Hellinger, forcieren das Versöhnen. Es ist völlig normal, sich über manche Kränkungen intensiv und lange zu erregen. Daher muss dem Verzeihen im Allgemeinen eine Phase des Erlebens und der Verarbeitung von Wut, eine „Wut-

Arbeit" (vergleichbar der *Trauer-Arbeit*) vorausgehen. Und man kann auch wieder aus dem Verzeihen herausfallen. So müssen wir immer wieder von neuem verzeihen, denn: *Glaubt nicht, dass bei dem größten Glücke ein Wüterich jemals glücklich ist* (Christian Fürchtegott Gellert).

Das spirituelle Annehmen kann helfen, schließlich den *Sprung ins Verzeihen* zu wagen. Und es kann generell sehr hilfreich sein für die Überwindung von Wut wie auch von Angst. Denn es vermag einem ein Geborgenheitsgefühl in der Welt geben, ein Einverstandensein.

Nun wurde und wird aber von vielen Seiten ein *totales* Annehmen gefordert: Gerade heute hören wir vor allem von esoterischen Richtungen: „Nimm alles an! Wehre dich nicht! Lass deinen Zorn los! Sei für alles dankbar!"

Dabei bezieht man sich insbesondere auf den *Buddhismus:* Ärger gilt danach als unreife *Ich-Verhaftung.* Der „Ego-Mensch" unterteilt die Welt in Dinge, die er mag und solche, die er nicht mag; über die ärgert er sich, die bekämpft er. Nach buddhistischer Lehre ist das *Ich* aber nur eine Illusion. Unser wirkliches *Selbst* ist *transpersonal,* d.h. überschreitet die Persönlichkeit, ist letztlich universal. In Wirklichkeit gibt es gar keine Grenze zwischen den Menschen und den Dingen, sondern: *Alles ist eins.* Wenn wir das verstanden bzw. erfahren haben, geben wir unsere Ich-Abgrenzung auf. Wir bewerten die Dinge dann nicht mehr, sondern nehmen alles (als) „gleich-gültig" an, tauchen ein in die *All-Einheit* des Seins.

Dieses unbedingte Annehmen, die absolute Hingabe an das Sein ist eine zwar faszinierende, aber extreme Lebens-Einstellung. Man kann darüber streiten, ob sie überhaupt möglich und sinnvoll ist. Sie mag vielleicht für einen Mönch oder Einsiedler in der Praxis zu leben sein. Aber für einen normalsterblichen Menschen ist ein solches vollständiges Annehmen nur sehr schwer möglich. Sicher gibt es hier auch Unterschiede der Art, dass manchem sehr gläubigen Menschen eine tiefe Hingabe möglich ist, anderen dagegen nicht. Aber generell ist die Forderung nach *totalem Annehmen* sehr problematisch, sie kann leicht zu Missverständnissen und so zu Störungen im Sinne eines Annehmer-Verhaltens führen.

Es drohen vor allem zwei *Fehlhaltungen*, wie wir sie von dem Annehmer und seinen verschiedenen Untertypen her kennen.

– Das Annehmen führt zu einer unerwünschten Schwächung des Ich.

– Das Annehmen bedeutet eine neue paradoxe Abwehr.

## TOTALES ANNEHMEN ALS ICH-SCHWÄCHE

- *Untergang des Ich*

Das völlige Aufgeben der Ich-Grenzen kann einen Untergang des Ich bewirken – und der wird häufig sogar gefordert. Der Ich-Tod führt aber – unter falschen Voraussetzungen – nicht zur Geistesruhe, sondern zur Geistesverwirrung, zur Psychose, die eben durch Ich-Auflösung bestimmt ist. Zwar sollten wir keine zu starren Ich-Grenzen haben, und in bestimmten Situationen – z. B. bei der Meditation oder in der sexuellen Vereinigung – ist es bereichernd, sein Ich loszulassen. Aber letztlich müssen wir unsere Individualität ertragen.

- *Infantile Haltung*

Das totale Annehmen kann zu einer infantilen, regressiven Haltung führen – zu einer Flucht in den „kosmischen Mütterleib", als Wiederbelebung der Mutter-Kind-Symbiose aus der vorgeburtlichen Lebenszeit. In angenehmer Tönung: Man bettet sich in das Universum ein – ein Bett im Kuschel-Kosmos. In negativer Färbung: Man nimmt alle Ärgernisse ergeben als gerechte Bestrafung für die eigene Schlechtigkeit an, z. B. als Ausdruck des Karma-Ausgleichs für Untaten in früheren Leben.

- *Alltagsunfähigkeit*

Die falsch verstandene „Ich-Losigkeit" kann unfähig machen, im praktischen Leben zu funktionieren. Wir haben gesehen, dass Zorn auch ein wichtiger Antrieb ist, Sachen zum Besseren zu wenden. Mut durch Wut: „Fahr' hin, lammherzige Gelassenheit!" (Schiller). Alles hinzunehmen, jede Ungerechtigkeit, auch anderen gegenüber, ist indirekt gerade eine egozentrische, ja unsoziale, unpolitische Haltung. Ohne jede Aggressivität sind wir zahm, zahnlos, harmlos. Es droht der Fatalismus.

## TOTALES ANNEHMEN ALS NEUE ABWEHR

- *Verdrängung*

Annehmen kann bedeuten: seine innersten Wünsche und Gefühle, den Kern seiner Persönlichkeit, sein Selbst zu verdrängen. Kant preist die Gleichmütigkeit als „das Selbstgefühl der gesunden Seele". Aber La Rochefoucauld schreibt skeptisch: „Der Gleichmut des Weisen ist nichts als die Kunst, seine Erregung im Herzen zu verschließen." So wäre völlige Gelassenheit, wenn sie denn überhaupt erreicht wird, – als seelische Abschottung – gerade etwas Unreifes, sogar Krankes. Das Annehmen führte dann letztlich zum Aufgeben, zur Selbstaufgabe und Apathie.

- *Liebesunfähigkeit*

Zwar heißt es manchmal, mit der absoluten Seelenruhe sei eine Heiterkeit und allumfassende Liebe verbunden. Aber kann ein solch „gleichmütiger" Mensch noch wirklich lieben? Kann nicht nur der lieben, der auch zornig sein kann, der generell seine Wünsche und Gefühle noch nicht „transzendiert" hat? Muss man nicht auch *nein* sagen können, um aus vollem Herzen *ja* zu sagen?

- *Versteckte Abwehr*

Das übersteigerte, falsch verstandene Annehmen ist paradoxerweise eine Form des Abwehrens. Wir wollen uns nicht negativen Gefühlen wie Angst und Wut stellen und vermeiden sie, indem wir allem zustimmen. Wir haben nicht den Mut und die Kraft, unsere Wünsche zu erfüllen. Und da wir den Widerspruch zwischen unseren Wünschen und der Realität nicht ertragen, opfern wir unsere Wünsche. Machen gute Miene zum bösen Spiel. Natürlich muss man in gewissen Grenzen sein Wollen an der Welt orientieren. Aber seine Ziele ganz aufzugeben, ist weniger Ausdruck einer starken als vielmehr einer schwachen Persönlichkeit.

Vielleicht ist es überhaupt problematisch, Spiritualität auf *Akzeptieren* festzulegen. Es gibt auch eine *Reife des Protests*, wie Camus sie in „Der Mensch in der Revolte" beschrieb. Ein Auflehnen gegen die Ungerechtigkeit und *Absurdität* der Welt,

Protest als Ausdruck unserer Menschlichkeit. Sogar der sinnlose Protest kann seine Würde haben, das vergebliche Nein-Sagen – einfach, um zu demonstrieren, dass wir nicht zustimmen, sondern an etwas anderem, Positivem festhalten. Und sei es auch ein Traum.

So gesehen ist das wahre spirituelle Akzeptieren als ein *höheres, ganzheitliches Akzeptieren* aufzufassen, als ein Bejahen, das aber auch *Ja zum Nein* sagt, also auch das Nein, auch den gerechtfertigten Protest integriert. Wenn man alles akzeptiert, muss man eben auch seine Wut und sein Wehren akzeptieren.

## 4. Soforthilfe gegen Ärger und Angst

*Wen der Zorn packt wegen der Flöhe im Bett,*
*wird leicht das Laken ins Feuer werfen.*
Aus der Mongolei

Bisher ging es vor allem um *kausale* Methoden, darum, die *Ursachen* von Zorn zu überwinden oder eben auch die Ursachen eines falschen Vermeidens von Zorns.

Hier soll es jetzt um *symptomatische* Methoden gehen. Diese beseitigen oder mildern den akuten Ärger bzw. das Leiden an der eigenen Wut, ohne aber die eigentlichen Gründe zu verändern. Dadurch wirken diese Strategien meist nur kurzfristig und müssen insofern immer wieder angewandt werden. Andererseits sind sie oft *schneller wirksam* und *leichter zu handhaben:* Es sind gewissermaßen „Hausmittel", mit denen wir den – alltäglichen – Ärger verscheuchen. Für den „kleinen Ärger zwischendurch".

Eine strikte Unterscheidung von kausalen und symptomatischen Methoden ist allerdings ohnehin nicht möglich. Beide ergänzen sie sich gut, sie können aber auch in Konflikt geraten, so dass die kurzfristige Verbesserung von Zorn, z. B. durch Wegdrängen, einer langfristigen Lösung im Wege steht; weil sie erfordern würde, sich einmal ganz in seinen Zorn hineinfallen zu lassen, um ihn durchzuarbeiten.

Symptomatische Methoden sind vor allem immer dann angebracht, wenn sich der Ärger *verselbständigt* hat. Vielleicht bestehen die Ursachen gar nicht mehr, die uns ursprünglich ärgerten, oder wir haben sie schon aufgearbeitet. Das Ärgern hat sich aber so eingeschliffen, ist uns so zur *Gewohnheit* geworden, dass wir davon nicht lassen wollen. Oder es liegt ein *autoaggressiver* Zorn vor: Wir quälen uns mit unangemessenen Vorwürfen, versinken in sinnlosen Selbstanklagen oder Grübeleien über unsere Fehler. Hier ist der Zorn wie ein *innerer Gegner*, der uns fertig machen will. Dieser Zorn befreit nicht, sondern zerstört.

Es gibt also *positiven, nützlichen Ärger*, auf den wir achten sollten, nach dessen Ursachen wir fragen sollten, der uns bei der Befreiung und Selbstentfaltung hilft. Es gibt aber auch *negativen, destruktiven Ärger*, der sich selbst unterhält. Der in einem Kreislauf zu immer neuem Ärger führt. Hier bringt es wenig, nach tieferen Ursachen zu suchen, weil der Ärger seine eigene Ursache (geworden) ist. Ebenso gibt es sowohl eine konstruktive als auch eine destruktive Angst und Anpassungshaltung.

In diesen Fällen ist also das Symptom Wut (bzw. Angst) selbst die Krankheit und nicht Ausdruck von etwas anderem. Und folglich bekämpfen wir dann auch am besten die Wut selbst mit symptomatischen Methoden. Dabei ist es oft sinnvoll, ihr gar nicht zuviel Aufmerksamkeit zu schenken. Denn sie zieht alles an sich, wir dürfen sie nicht mästen, indem wir ihr Energie geben. Wenn wir die Wut eine Zeit lang ignorieren, hat sie sich möglicherweise von alleine erledigt. Als Methoden will ich unterscheiden:

- *Entspannung*
- *Ablenkung*
- *Umleitung*
- *Abwehr.*

## Entspannungsmethoden – aktiv und passiv

Ärger ist *Erregung, Spannung* bzw. *Anspannung* – seelisch wie körperlich. Da liegt es nahe, dem Konflikt-Typ *Entspannung* zu verordnen, um den Ärger zu besänftigen, ihm gewissermaßen seine Energie zu entziehen. Das ist auch wichtig, um den verspannten

Körper zu entkrampfen und damit gesundheitlichen Störungen vorzubeugen oder zu begegnen.

Grundsätzlich gibt es zwei Arten, sich zu entspannen:

- *passive Entspannung*: Hier versucht man, direkt einen Zustand von Gelöstheit, Gelockertheit und Gelassenheit anzusteuern.
- *aktive Entspannung*: Hier wird dagegen die Spannung aktiv abgearbeitet, dabei normalerweise erst einmal gesteigert, um dann zur Lösung zu kommen.

Bei der Entspannung gehen psychische und körperliche Prozesse zusammen, doch es gibt mehr *psychisch* orientierte und mehr *körperlich* orientierte Entspannungsmethoden.

– *Passive Entspannungen* sind: Ruhen und Schlafen, langsame Spaziergänge, ein warmes Bad für den *Körper;* stille Momente der Besinnung, leise Musik hören, ein gutes, erbauliches Buch lesen für die *Seele*. Motto: „Versuch's mal mit Gemütlichkeit." Mit *Meditation, Biofeedback* oder Entspannungsübungen wie dem *Autogenen Training* können Sie sogar mehr als nur eine symptomatische Beruhigung erreichen, nämlich die Basis für eine dauerhafte innere Ruhe legen. Das lässt sich noch steigern durch *Selbsthypnose*- oder *Autosuggestions*-Formeln wie: „Ich bin ganz ruhig und friedlich. Ärger ist ganz gleichgültig."

– *Aktive Entspannungen* sind: *körperlich* z. B. Sport, Tanzen, Sauna, Wasseranwendungen wie kalte Duschen. Zwar steigern Sport & Co. zunächst noch die durch den Ärger bedingte Erregung des Sympathikus, aber diese Erregung wird dann durch die körperliche Aktivität sinnvoll abgebaut und in eine (parasympathische) Entspannungslage überführt. Wie heißt es bei Shakespeare so treffend: *Der Ärger gleicht 'nem überhitzigen Pferd, das, gebt Ihr Freiheit, am eignen Feu'r ermüdet.* Bequemer und dennoch aktiv können Sie sich *psychisch* entspannen: durch laute Musik, ein spannendes Buch, einen lustigen Film. Auch hier wird die Erregung – gerade die festgefahrene *Dauererregung* – zu einem Höhepunkt gebracht, nach dem sie sich entladen muss, z. B. in einem befreienden Lachen. Gerade das *Lachen* – wenn's auch schwer fällt – kann Wunder gegen Ärger bewirken.

## Konflikt-Typ

Ist passive oder aktive Entspannung für den *Konflikt-Menschen* besser? Das kommt darauf an. Wenn man sehr erschöpft und müde (abgespannt) ist, braucht man erst einmal reine Ruhe (ausspannen). Diese kann dann sogar wie eine kausale Therapie wirken. Denn Ärger und Gereiztheit entstehen oft erst durch chronische Überanstrengung und verschwinden mit dem Ausruhen. Wenn Sie dagegen sehr nervös und unruhig sind, z. B. durch Unterdrückung von Gefühlen, dann sollten Sie die aktive Entspannung vorziehen. Am besten ist ein Wechsel von aktiver und passiver Entspannung, wie er z. B. in der *Progressiven Muskelentspannung* nach Jacobson geschieht.

## Harmonie-Typ

Für den *Harmonie-Menschen* sind die Verhältnisse etwas anders: Der ängstlich angespannte Harmonie-Mensch profitiert zwar auch von aktiver wie passiver Entspannung. Für den eher depressiven Typ ist aber vor allem die passive Entspannung gerade falsch, denn er befindet sich ohnehin in einem Zustand mit zu geringem Spannungstonus. Körperlich gesprochen liegt eine parasympathische Reaktion vor mit Tendenz zu niedrigem Blutdruck, langsamen Puls usw. Ausruhen und passive Entspannung könnten den Depressiven noch müder und passiver machen. Er braucht viel mehr *Aktivierung*, auch körperliche Aktivierung, z.B. durch Sport. Ebenso physikalische Methoden wie kalte Güsse bringen nicht nur den Körper, sondern auch die Seele auf Trab. Andere Möglichkeiten sind: laute Musik – je nach Geschmack von Hardrock bis Tschaikowsky –, aktivierende Aromen, Farbtherapie mit rotem Licht, mitreißende Filme und Ähnliches.

Apropos *Filme*. Umstritten ist, ob wir durch das Ansehen *aggressiver Filme* Wutgefühle abbauen oder aber noch steigern. Eine Antwort zu diesem Problem muss wohl differenziert ausfallen. Bei einem chronisch aggressiven Konflikt-Menschen sind sicher harmonische Filme, Bücher oder Musikstücke geeigneter, um beruhigend auf ihn einzuwirken. Bei jemandem, der unter aggressivem Gefühlsdruck steht, ist es dagegen sinnvoll, erst einmal eine Abfuhr oder Entladung des Gefühl anzusteuern. Allerdings muss der Film letztlich zu einer harmonischen Lösung führen, sonst bleibt eine Angespanntheit zurück. Das ist aber bei den heute so beliebten *Horrorvideos* und anderen Gräuelfilmen kaum gegeben. Hier besteht wirklich die Gefahr, dass mehr Aggressivität aufgebaut als abgebaut wird.

Viele essen, wenn sie frustriert sind. Es gibt eben nicht nur den *Kummerspeck*, sondern auch einen *Ärgerspeck*. In gewissen Grenzen mag man sich ruhig einmal für eine erlittene Frustration einen positiven Ausgleich durch etwas Leckeres schaffen. Aber im Übermaß ist ein solcher „Frustfraß" natürlich kein Lösung. Es kann zur Sucht, Esssucht führen, dass man schließlich auf jedes Ärgernis, jede kleine Kränkung mit Essen reagiert.

Noch problematischer ist es, wenn man sich mit *Zigaretten* und *Alkohol* Entspannung vom Ärger verschafft. Die gesundheitlichen Gefahren und die Suchtgefahr sind noch größer. „Wer wird denn gleich in die Luft gehen, greife lieber zur…" Nein lieber nicht. Jugendsprache hat daraus gemacht: „… greife lieber zum BH." *Sex* ist wirklich ein besserer Weg zur Entspannung als Rauchen und Trinken. Allerdings gibt es auch hier ein Problem: Männer suchen oft Sexualkontakt, um sich mit ihrer Partnerin auszusöhnen. Für Frauen ist es dagegen meist umgekehrt, sie sind nur dann für Sexualität offen, wenn sie ein gutes Gefühl zum Partner haben, ein Streit bereits bereinigt ist.

Noch ein Wort zu *chemischen* oder *pflanzlichen Psychopharmaka*. Natürlich können diese Medikamente helfen, wobei wieder zu unterscheiden ist: Für *Ablehner* kommen am ehesten *Beruhigungsmittel* in Frage, die ihren Ärger dämpfen. Für *Annehmer* sind vor allem *Antidepressiva* geeignet, die ihre Stimmung aufhellen. Allerdings brauchen ängstlich-verspannte Annehmer auch dämpfende Mittel.

Pflanzliche Mittel wie z.B. *Kavain* zur Beruhigung oder *Johanniskraut* zur Stimmungsaufhellung können in gewissen Ausmaß in *Selbstmedikation* genommen werden, chemische Mittel sollte man tunlichst nur auf ärztliche Verschreibung einnehmen. Bei manchen ernsthaften psychischen Störungen, z.B. Psychosen, muss man Psychopharmaka langfristig oder dauerhaft nehmen. Aber sonst sollte man sie nur kurzfristig nehmen. Psychomittel sind die typische Symptomtherapie, sie beseitigen die Ursachen nicht, überdecken sie oft, so dass man sich gar nicht mehr um eine echte Lösung bemüht. So dürfen Tabletten immer nur kurzzeitige Helfer in einer akuten Krise sein, ansonsten drohen Tablettenabhängigkeit und all mögliche Nebenwirkungen.

## Ablenkung – Lieber Lust als Frust

Verwandt mit der Entspannung ist die *Ablenkung*. Auch Ablenkung kann (aktiv) entspannen, sie muss allerdings nicht. Zunächst einmal bedeutet sie Spannung, aber *lustvolle Spannung*. Man lässt die *negative Anspannung* hinter sich und konzentriert sich stattdessen auf etwas anderes, das einen anmacht, interessiert, fasziniert, fesselt. Das gilt gleichermaßen für Konflikt-Menschen wie für Harmonie-Menschen. Die einen lenken sich von ihrem Ärger ab, die anderen von ihren Sorgen oder Depressionen.

Wenn man auch auf Dauer seinem Ärger nicht ausweichen kann, so ist es sicher o. k., einmal „Urlaub vom Ärger" zu machen. Erst recht, wenn es sich um sinnlosen, unproduktiven Frust handelt, der nur neuen Frust produziert. Dann darf man sich nicht terrorisieren lassen, sondern tut gut daran, sich vom Zorn abzulenken bzw. den Zorn von sich abzulenken. Soll er sich doch mit sich alleine beschäftigen! Das gilt ebenso bei dem Grübeln des Depressiven. Der unheilvolle *Kreis* der Sorgen, ja die *Spirale* des sich immer mehr in Sorgen Hineinsteigerns muss unterbrochen werden.

ABLENKUNGS-MÖGLICHKEITEN

- *Radio:* „Schalt dein Radio ein … Es müssen ja nicht gerade die Wasserstandsmeldungen sein.
- *Fernsehen:* Das Sehen in die Ferne ist wohl das beliebteste Ablenkungsmittel bei uns, vom Kleinkind bis zum Rentner.
- *Kino:* „Mach dir ein paar schöne Stunden – im Kino hat man mehr vom Film." Richtig: Kino kann wie Hypnose wirken.
- *Lesen:* Das ist heute etwas ins Hintertreffen geraten. Aber das Schmökern fesselt immer noch viele, nicht nur Bücherwürmer. Und „Harry Potter" sorgt für viele neue Jungleser.

- *Kultur:* Museum, Konzert, Theater – für manche zwar die größten Langweiler, andere finden hier aber kulturelle Erbauung.
- *Computer:* Der PC ist dabei, dem Fernsehen den Rang abzulaufen: Computerspiele, Internet, Programmieren, Installieren und Deinstallieren ...
- *Kontakt:* Sehen und Gesehenwerden, gerade Smalltalk, Klatsch und Geschwatze lenken gut vom eigenen Ärger ab. Heute neu durch Handy, SMS oder E-Mail.
- *Arbeit:* Vor allem für Freiberufler ist Arbeit oft Ablenkung Nr. 1: Fluchtpunkt Büro, der Ärger bleibt zu Hause. Kein Zeit für Zorn.
- *Hobby:* Briefmarkensammeln, Spielen, Zeichnen, Kochen, Heimwerkeln, Musizieren, Sport treiben etc. etc.

Wenn man sich dabei nicht gerade neuen Frust einhandelt (gerne mit einem abstürzenden PC), dann kann all das von Ärger und Sorgen ablenken, wobei mehr oder weniger auch andere Faktoren wie Entspannung, Gefühlsverarbeitung und positive Neuerfahrungen eine Rolle spielen mögen. Fast jede Tätigkeit kann zur Ablenkung dienen. Aber sie kann auch zur *Flucht* werden, ja – übertrieben und einseitig ausgeübt – schließlich zur *Sucht* führen.

Arbeitssucht (workaholic), Fernsehsucht, Computersucht, Spielsucht, SMS-Sucht – solche *neuen Süchte* verdrängen mehr und mehr die klassischen Süchte wie Alkoholismus und Drogensucht. Es sind Massensüchte, mit einem fließenden Übergang zum Normalverhalten. Wenn Sie es z. B. kaum mehr aushalten, alleine zu Hause zu sein, ohne das Fernsehen laufen zu lassen, heißt es Vorsicht.

## Umleitung – Den Ärger als Kraft nutzen

Man kann sich aber nicht nur von Ärger oder Angst *ablenken*, sondern man kann auch diese Gefühle *umlenken* bzw. *umleiten*.

Für den *Ablehner* heißt das: Anstatt dass sich Ihr Zorn in sinn- und nutzlosen Aktivitäten wie Gesichtsverziehen und Türenknallen entlädt, nutzen Sie ihn, lenken Sie ihn um in sinnvolle Bahnen. „*Sublimierung*" nennt man das, den „primitiven Ärger" für ein höheres Ziel einspannen. Motto: „Wenn schon Wut, dann wenigstens kreative, produktive Wut." Wenn wir unseren Grimm nicht loswerden, dann wollen wir wenigstens davon profitieren. Denn der Ärger ist eine *Kraft*, die man verwenden kann. Stürzen Sie sich mit *Arbeitswut* in eine Aufgabe. Dabei brauchen Sie sich gar nicht groß anzustrengen, denn der Zorn treibt Sie vorwärts. Lassen Sie Ihren Ärger für sich arbeiten. Manche Frauen verstehen es, ihrer Aggressivität mit einer *Putzwut* Ausdruck zu verleihen. Die Wut putzt die Wohnung sauberer als jeder „Meister Proper" oder „General".

Ähnliches gilt auch für den *Annehmer:* Wenn schon *Anpassung,* dann eine Anpassung, unter der Sie nicht leiden und die etwas Nützliches fördert. Auch wenn Sie anderen helfen, um dafür geliebt zu werden – trotzdem tun Sie mit Ihrer Hilfe etwas Gutes und können darauf stolz sein. Ihre Bereitschaft, sich ganz auf einen anderen einzustellen, braucht ja nicht in der Unterordnung unter einen diktatorischen Partner zu bestehen. Sondern Sie können sich der Verehrung eines Künstlers widmen als dessen Muse.

Aber geht das wirklich so einfach? Lässt sich die Energie des Ärgergefühls ohne weiteres für ein beliebiges Ziel einspannen? Manche behaupten, allen Gefühlen läge eine neutrale *einheitliche Energie* zugrunde. Es läge an einem selbst, ob man diese Energie in Unlustgefühle wie Ärger, Angst, Trauer oder in Freude und positive Tätigkeiten lenke.

Leider stimmt das nicht so pauschal. Die Energie lässt sich nicht völlig von dem spezifischen Inhalt des Gefühls, z. B. Zorn, ablösen. Aber in gewissen Grenzen gelingt es doch. Wir werden im Spiel besiegt und ärgern uns über die Niederlage. Daraus lässt sich Kraft schöpfen, mehr zu trainieren, an uns zu arbeiten, mit der Hoffnung, es das nächste Mal dem Gegner zu zeigen. Oder: Sie haben nur Ärger mit Ihrem Partner erlebt und suchen sich deshalb einen eigenen Freundeskreis, um ihm Ihre Unabhängigkeit zu demonstrieren.

Manchmal führt Ärger aber auch zu Veränderungen, die weit über seinen speziellen Anlass herausreichen. Er rüttelt uns wach, macht uns deutlich, dass vieles in unserem Leben schief läuft. Vielleicht ärgere ich mich zum x-ten Mal über mich selbst, weil ich immer liegen bleibe, wenn der Wecker klingelt. Und mit einem Mal wird mir deutlich, dass das Liegenbleiben nur ein Symptom ist, dass ich eigentlich mein ganzes Leben verschlafe – und ich beginne, anders zu leben. Oder Sie sind so wütend über Ihren Freund, dass Sie die Nichtliebesbeziehung beenden – mit dem Vorsatz: „Beim nächsten Mann wird alles anders."

Insofern kann eine *Krise* und *Kränkung*, die mich in Rage versetzen, letztlich auch ihr Gutes haben, eine Chance zur Veränderung sein. Der Zorn zeigt mir, dass es so nicht mehr weitergeht, dass ich auf dem falschen Weg bin, etwas in mir oder meiner Umwelt nicht stimmt.

Zuweilen reden wir uns allerdings auch nur ein, dass die Kränkung im Grunde zu unserem Besten ist, weil wir die Sinnlosigkeit eines Unrechts nicht ertragen und unsere Ohnmacht durch Handlungspläne verscheuchen wollen. Das mag als Notlösung angehen, aber oft ist es richtiger, sich den quälenden Gefühlen zu stellen und sie durchzuarbeiten. Sonst besteht auch die Gefahr, dass man nur oberflächlich Vorsätze fasst, die gerade so lange halten, wie einem der Ärger zusetzt. Dann sind sie vergessen bis zur nächsten größeren Kränkung, wenn es wieder heißt: „Ab jetzt…" Erst recht unrealistisch sind *Nie-und-(n)immer-Vorsätze* wie „Nie mehr werde ich zu spät kommen" oder „Niemals werde ich mich wieder ärgern!" Sie wissen doch: *Der Weg zur Hölle ist mit guten Vorsätzen gepflastert.*

## Abwehr – Stop von Wut und Kränkung

Normalerweise ist es am besten, negative Gefühle wie Wut und Angst entweder *aufzuarbeiten* oder sie irgendwie zu *umgehen*. Aber manchmal muss man auch gezielt gegen solche Gefühle *ankämpfen*, eine *Abwehr* gegen sie aufbauen.

Und zwar ist das der Fall, wenn *zerstörerische Gefühle* uns zu überwältigen drohen und unsere Abwehrmechanismen versagen. Wenn Wut oder Angst zu stark sind, wenn man ihnen ohnmächtig gegenübersteht, auch noch in einer Situation, wo man funktionieren muss, z. B. am Arbeitsplatz.

Dann darf, soll man dem Schmerz, dem Schuldgefühl, der Angst oder der Wut wehren. Zwar haben auch Ablenkung und

Umleitung schon etwas mit Abwehr tun. Nur, da geht man dem Zorn quasi aus dem Weg, während man ihn mit speziellen Abwehrmechanismen gezielt bekämpft. Der wichtigste Abwehrmechanismus ist die *Verdrängung*, d. h., dass wir den Ärger oder ein anderes Gefühl ins Unbewusste wegdrängen, ihn einfach nicht spüren. Das geschieht häufig automatisch auf einer vorbewussten Ebene, aber man kann so ein Wegdrängen auch bewusst betreiben.

Was man in jedem Fall beachten soll: Wenn wir schon eine Abwehr gegen negative Gefühle brauchen, dann sollte es eine *konstruktive Abwehr* sein, die eher nützt als zerstört. Das entspricht unserer Aussage, dass man die Ärgerenergie möglichst sinnvoll nutzen soll. So wäre es fatal, wenn man aus Wut über andere Menschen oder aus Angst vor anderen Menschen sich verbittert in die Isolation begäbe. Oder sich ständig mit Psychopharmaka „ruhig stellt". Oder den Ärger mit Alkohol runterspült (damit er einem nicht in der Kehle stecken bleibt) – so schluckt er sich zwar leichter, aber nicht besser.

Eine gezielte Gefühlsabwehr ist vor allem bei schweren *narzisstischen Kränkungen*, also Verletzungen des Selbstwertgefühls wichtig. Solche Kränkungen empfindet man beispielsweise, wenn der Partner einen „betrügt" oder verlässt, bei chronischer Krankheit oder Behinderung. Der Gekränkte empfindet vor allem *Wut* und *Hass*. Darunter liegt zwar ein verheerender *seelischer Schmerz*, aber der wird meistens nicht wahrgenommen. Der Betroffene hat das Gefühl, die Kränkung nicht ertragen zu können, er fühlt sich ihr gegenüber machtlos. Und je mehr er sich – ohnmächtig – wehrt, desto unerträglicher wird seine ohnmächtige Wut. Diese Wut hat keinen Nutzen, sie kann seelisch und körperlich krank machen, und es ist wichtig und richtig, sie mit Abwehrmechanismen zu bekämpfen.

## ABWEHR GEGEN KRÄNKUNGEN

- *Verdrängung*
  Der Wut ein „Stop" entgegensetzen. Man kann sich z. B. vorstellen, ein großes, rotes Stop-Schild der Wut entgegenzuhalten.

- *Spott*

  Eigentlich soll man seine Gefühle ernst nehmen, aber bei einer destruktiven Wut kann man versuchen, sich über sie lustig zu machen oder sie zu beleidigen: „Wut, was bist du doch lächerlich in deinem Toben!"

- *Gegen-Wut*

  Bei der Brandbekämpfung legt man oft ein kleines Feuer, um damit das große Feuer zu bekämpfen. Ähnlich kann man versuchen, die Riesenwut durch eine kleine Wut abzublocken. Man nehme sich ein kleines Ärgernis vor, richte darauf seine Wutenergie und ziehe diese von der ohnmächtigen Wut ab. (Ähnlich kann man Wut auch mit Angst bekämpfen.)

- *Paradoxe Intention*

  Diese Methode stammt aus der *Logotherapie* von Viktor Frankl. Man dreht sein Bedürfnis um. Man sagt: „Ich will wütend sein, ich bin noch nicht wütend genug. Ich versuche, noch viel wütender zu werden." Bis zum Galgenhumor: „Je schlechter es mir geht, desto besser. Ich freue mich über jede Niederlage." Dadurch schwächt sich paradoxerweise die Wut oft ab. Die Autoaggressivität läuft ins Leere, weil sie nicht mehr bekämpft wird.

Es sei zugegeben, dass alle diese Methoden nicht immer helfen. Mancher gekränkte Mensch meint, seine Seelenverletzung nur durch eine Gewalttat überwinden zu können, vor allem indem er sich an seinem „Gegner" rächt. Und manche Kränkung führt tragischerweise auch zu mörderischen Gewalttaten. Aber viele schrecken doch vor einer solchen Tat zurück. Außerdem hat man oft, wie bei einer Krankheit, gar keinen greifbaren Gegner.

Auch daher geht die Aggression häufiger nach innen, man kann oder will seinen Zorn nicht mehr rauslassen, glaubt, nur durch den *Suizid* der Schmach zu entkommen. Allerdings kann die Selbsttötung auch die letzte verzweifelte Möglichkeit sein, einen anderen zu bestrafen oder sich generell am Leben – als übermächtigem Gegner – zu rächen, indem man „aussteigt".

In dieser Situation scheint die einzige Not-Lösung das *Aufgeben* zu sein: aufgeben, weiter gegen die Kränkung anzukämpfen, sondern sie hinnehmen. Andererseits bedeutete das für den narzisstisch verwundeten Menschen einen *Verrat an sich selbst.* Wenn er diesen Kampf aufgäbe, dann müsste er alles aufgeben, sich aufgeben. Damit drohte er aber in Gleichgültigkeit und Apathie zu erstarren. Und wie soll er so noch Kraft und Motivation finden, sich für Ziele im Leben zu engagieren und sich selbst zu bejahen?

Ich spreche hier vom *Dilemma des Aufgebens,* weil einen einerseits nur das Aufgeben aus einer unerträglichen, womöglich (selbst)mörderischen Situation herausführen mag, andererseits das aber zugleich eine Art *seelischen Tod* bedeuten kann. Und den Menschen in diesem Dilemma nenne ich „*Aufgeber*".

Das Dilemma des Aufgebens lässt sich normalerweise nur in einer Psychotherapie überwinden, wenn auch nicht umgehen. Man muss eine andere Lösung – ohne totales Aufgeben – suchen, die dem Gekränkten erlaubt, seine *Selbstachtung* zu behalten oder wiederzufinden. Häufig kann man die *narzisstische Wunde* nicht (direkt) aufarbeiten, sondern es braucht eine *narzisstische Abwehr*, die aber gewaltfrei sein muss. Dabei geht es um Themen wie Ablehnung, Stärke und Würde, die allerdings nicht nur zur narzisstischen Abwehr dienen, sondern auch reife Züge eines echten *Heroismus* gegenüber einem schweren Schicksal widerspiegeln können. Der Gekränkte muss sich sagen, dass er gerade seine Stärke und Würde bewahrt, wenn er trotz der Kränkungen weiterlebt und sich auch ein Recht auf Freude bewahrt.

Versuche, schwersten Kränkungen stattdessen mit *positivem Denken* beizukommen, scheitern meistens: Sich einzureden, im Grunde habe die Pein doch ihr Gutes, man müsse nur darauf vertrauen, dass alles zum Besten gerate, und man habe die Macht, das selbst zu erreichen – all solches empfinden tief gekränkte Menschen oft nur als Verhöhnung.

Abschließend zu diesem Teil bringe ich eine Übersicht über die vorgestellten *Anti-Ärger-Methoden,* die wie gesagt auch gegen Angst und Anpassung wirksam sind. (in Klammern steht die jeweilige Kapitel-Überschrift):
1. Ärgernis ausräumen (Erfolgreiches Verhalten)
2. Zorn aufarbeiten (Das innere Kind heilen)
3. Positives stärken (Das neue Ich)
4. Wut verscheuchen (Soforthilfe gegen Ärger und Angst)

# ÜBERBLICK ÜBER ANTI-ÄRGER-METHODEN

| Methode allgemein: | Beispiel: Büroärger – ein Kollege intrigiert gegen Sie |
|---|---|
| **I Ärgernis ausräumen** | |
| 1. Störer „verjagen" o.ä. | 1. Auf Versetzung des Kollegen drängen |
| 2. Verstecken, Fliehen | 2. Sich selbst umsetzen lassen |
| 3. Ersatz suchen (hilft bei Mangel) | 3. (kommt hier nicht in Betracht) |
| 4. Ärgernis/Ärgerer verändern, durch – Kampf – Verhandlung – Anpassung | 4. Kollegen veranlassen, sein Intrigieren einzustellen, durch – Unfreundlichkeit, Drohung – Aussprache suchen – besondere Freundlichkeit |
| **II Zorn aufarbeiten** | |
| 1. Meditation | 1. Den Zorn bewusst spüren |
| 2. Zorn rauslassen | 2. Auf Kollegen schimpfen (zu Hause) |
| 3. Ärger verstehen | 3. Seine Wut als unnötig erkennen |
| 4. Heilendes Gespräch | 4. Sich mit Freund aussprechen |
| **III Positives stärken** | |
| 1. Schöne Gefühle | 1. Sich an Positivem erfreuen |
| 2. Sich Wünsche erfüllen | 2. Sich etwas Schönes gönnen |
| 3. Positiv denken | 3. Kollegen nicht als Feind sehen |
| 4. Spirituelles Annehmen | 4. Die Intrige einfach akzeptieren |

IV Wut verscheuchen
   1. Entspannung
   2. Ablenkung
   3. Umleitung
   4. Abwehr

1. Die Wut wegjoggen
2. Einen lustigen Film ansehen
3. Sich in die Arbeit stürzen
4. Wut verdrängen

# Bilanz – Die goldene Mitte

Vielleicht wird sich der Mensch irgendwann einmal zu einem „Edelmenschen" entwickeln, der keinen Ärger und Kampf, keine Angst und Anpassung mehr kennt. Vielleicht gibt es sogar schon einzelne erleuchtete Geister, die im völligen Frieden mit sich und der Welt leben.

Aber wir Normalsterblichen von heute haben Gefühle wie Angst, Schmerz und eben Wut. Anscheinend gehören diese *Grundgefühle* einfach zu unserer Natur, sind genauso normal wie Essen und Trinken. Sie machen uns sogar erst menschlich. Denn wir sind nicht vollkommen und nicht über alles erhaben.

Die Aufstellung eines *Ideals* wie „nie wieder Wut", das perfektionistische Bemühen um vollkommene Gelassenheit oder Coolness, hindert uns, spontan und unbefangen mit dem wellenförmigen Lebensstrom mitzuschwimmen, mit seinen Höhen und Tiefen, seinen „ups" und „downs". Zwar mag man die Sehnsucht nach einem absoluten Seelenfrieden bewahren. Aber der reale Mensch lebt im *Rhythmus* von Zufriedenheit und Ärger, Harmonie und Konflikt, in der Polarität von *Yin* und *Yang*. Es gibt eine Zeit des Annehmens und eine Zeit des Kämpfens. Und Lebenskunst bedeutet, uns flexibel und souverän auf die jeweilige Lebenssituation einstellen.

Aber natürlich ist es auch nicht sinnvoll, ständig von einem *Extrem* ins andere zu wechseln: einmal ganz kämpferisch, dann wieder völlig angepasst. Sondern das Ziel ist die *goldene Mitte* zwischen Konflikt und Harmonie, ein relatives, dynamisches *Gleichgewicht* zwischen ihnen. Wenn besonderer Kampf oder Anpassung notwendig sind, ist man dazu bereit. Aber die Basis bleibt die *Ganzheit* von Annehmen und Ablehnen. Wie heißt es so schön: „Man soll die Dinge so nehmen, wie sie kommen; aber man soll auch dafür sorgen, dass die Dinge möglichst so kommen, wie man sie nehmen will."

Es geht also um die *Integration* dieser beiden Pole unseres Lebens:

- *Zorn* = *Kampf / Konflikt / Selbstbehauptung / Ablehnen*
- *Friedlichkeit* = *Sanftmut / Harmonie / Anpassung / Annehmen.*

Wichtig dabei ist, jeweils zwischen *positiven* und *negativen* Seiten zu unterscheiden:

1. *Positiver Zorn:* eine Kraft, uns durchzusetzen, uns gegen Ungerechtigkeit zu wehren. Zorn als unser Freund und Ratgeber.

2. *Negativer Zorn:* ein ständiges, übertriebenes, sinnloses Ankämpfen gegen alles und jedes. Zorn als Gegner und Verführer.

3. *Positive Friedlichkeit:* Gelassenheit gegenüber kleinen Ärgernissen. Hinnehmen, wenn wir gegen ein Geschick ohnmächtig sind.

4. *Negative Friedlichkeit:* Ängstlichkeit oder Resignation. Berechtigte Wut verdrängen. Sich alles gefallen lassen, sich immer nur anpassen.

Den positiven Zorn sollten wir akzeptieren und begrüßen: Das gilt besonders für den *Annehmer,* den *Harmonie-Menschen,* der – mit negativer Friedlichkeit – zu allem ja sagt. Den negativen Zorn sollten wir dagegen möglichst überwinden. Das gilt vor allem für den *Ablehner,* den *Konflikt-Menschen,* der die positive Friedlichkeit lernen muss.

Wenn Sie dieses Buch gelesen haben, dann kennen Sie jetzt die Lösung: *die Kunst, sich richtig zu ärgern.*

# Literatur-Auswahl

## 1. Grundlegende Werke

Fromm, E.: Anatomie der menschlichen Destruktivität, 2. A., Stuttgart 1984.

Kast, V.: Von Sinn des Ärgers, Stuttgart 1998.

Lorenz, K.: Das sogenannte Böse, München 1984.

Mees, U.: Psychologie des Ärgers, Göttingen 1992.

Menninger K.: Liebe und Hass, Stuttgart 1985.

Mitscherlich, M.: Die friedfertige Frau. 2. A., Frankfurt/M. 1987.

Plack A. (Hrsg.): Der Mythos vom Aggressionstrieb, München 1973.

Schenkmezger, P. u. a.: Umgang mit Ärger, Göttingen 1999.


## 2. Ratgeber

Bach, G.: Keine Angst vor Aggression, 6. A., Frankfurt/M. 1988.

Becker, K. J.: Nie mehr ärgern. München 1988.

Döpfner, M. u.a.: Ratgeber Hyperkinetische Störungen, Göttingen 2000.

Erhardt, U.: Gute Mädchen kommen in den Himmel, böse überall hin. Frankfurt am Main 1994.

Lerner, H. G.: Wohin mit meiner Wut?, Stuttgart 1987.

Petermann, F. u.a.: Ratgeber Aggressives Verhalten, Göttingen 2001.

v. Salisch, M.: Wenn Kinder sich ärgern, Göttingen 1999.

Wedemeyer, H.: Ohne Ärger geht es nicht, Wuppertal 2000.


## 3. Hintergrund-Literatur

Bohnke, B.-A.: Esoterik – Die Welt des Geheimen, Bindlach 1996.

Bohnke, B.-A.: Abschied von der Natur, Düsseldorf 1997.

Casriel, D.: Die Wiederentdeckung des Gefühls, München – Gütersloh – Wien 1975.

Chopich, E. J., Paul, M.: Aussöhnung mit dem inneren Kind, Berlin 1998.

Dethlefsen, T.: Schicksal als Chance, München 1979.

Freud, S.: Gesammelte Werke, V, VI, VIII, XV, XVIII, XXII.

Harris, T. A.: Ich bin o.k. – Du bist o.k., Reinbek bei Hamburg 1975.

Kriz, J.: Grundkonzepte der Psychotherapie, Weinheim 2001.

Martin, B.: Handbuch der spirituellen Wege, Basel 1993.

Wardetzki, B.: Weiblicher Narzissmus, München 2000.

# Ruhe und Sturm im Alltag

Attila Bencsik
**Phantasievoll genießen – Lebensfreude im Alltag**
Band 5168
Negative Grundmuster in unserem Innern können wir erkennen und aufheben. Eine praktische „Anleitung zum Glücklichsein".

Anselm Grün
**Das kleine Buch vom wahren Glück**
Band 7007
Für alle Lebenslagen – ganz besonders, wenn der Alltag einmal grau oder allzu turbulent zu werden droht.

**Gelassenwerden**
Herausgegeben von Rudolf Walter
Band 5078
Die innere Gelassenheit wächst, wenn man ihr Raum gibt, wenn es gelingt, loszulassen, Vertrauen zu gewinnen, das Ganze zu sehen.

Anthony de Mello
**Eine Minute Weisheit**
Band 4985
Keine der hier erzählten Geschichten verlangt mehr als eine Minute Lesezeit. Und doch: Sie können ein – Ihr – Leben verändern.

Klaus E. Jopp
**Finden Sie Ihren Persönlichkeits-Code!**
Die eigenen Chancen besser wahrnehmen
Band 5222
Lebensenergie freisetzen, indem wir negativen Selbst- und Fremdurteilen in uns auf die Spur kommen und sie ausschalten.

**HERDER spektrum**

Jack Kornfield/Christina Feldman (Hg.)
**Geschichten, die der Seele gut tun**
Band 4987
Inspirierende Weisheitsgeschichten aus aller Welt, voll innerer Heiterkeit.
Von zwei bekannten Meditationsmeistern im Blick auf heutige Fragen
zusammengestellt.

Nossrat Peseschkian
**Wenn du willst, was du noch nie gehabt hast,
dann tu, was du noch nie getan hast**
Geschichten und Lebensweisheiten
Band 5201
Witzige Szenen bewirken oft ein Aha-Erlebnis und öffnen den Blick für
ganz neue, befreiende Lebensmöglichkeiten.

Rüdiger Rogoll
**Nimm dich, wie du bist**
Wie man mit sich einig werden kann
Band 5111
Transaktionsanalyse konkret: Wer innere Konflikte aufarbeitet,
kommt auch mit seinen Mitmenschen besser zurecht.

Pierre Stutz
**Meditationen zum Gelassenwerden**
Band 4975
Konkrete Übungen und Rituale, die helfen, mitten im Stress die
Aufmerksamkeit für das Wesentliche zurückzugewinnen.

Peter Wild
**Finde die Stille**
Spiritualität im Alltag – Ein Übungsbuch
Band 4818
Dieses Übungsbuch zeigt, welche Schritte zu tun sind,
um die innere Stille täglich zu erleben.

**HERDER spektrum**